SPANISH

140 SPEED TESTS TO BOOST YOUR FLUENCY

60-Second Vocabulary Workouts

PASSPORT BOOKS

NTC/Contemporary Publishing Group

Other titles in the *60-Second Workout* series
Spanish Grammar
French Vocabulary
French Grammar

Introduction

60-Second Spanish Vocabulary Workouts is designed to enable you to test and improve your Spanish word power both quickly and conveniently.

These 140 short exercises, with their clear and compact design, make this book the ideal personal trainer for your spare moments—whether you're on the bus or train, waiting at the doctor's office, taking a midmorning break, or relaxing at home.

Containing more than 2,000 questions, it provides a thorough examination of all the basic and essential Spanish vocabulary you should know. As you progress through the book, you'll find your exercise becomes increasingly challenging—and the instructional tone more demanding! But don't worry, the variety of the workouts will maintain your interest and motivation throughout.

Simply equip yourself with a pen or pencil, and write your responses in the book. Pit yourself against the clock, and you'll be honing your response time and improving your fluency in the language. The correct answers can be checked quickly on the opposite page in the gray panel.

So, what are you waiting for? The stopwatch is running!

Contents

Workout 1: a. alto & bajo b. bonito & feo c. pequeño & grande d. limpio & sucio
e. fuerte & débil f. tarde & temprano g. salir & entrar h. antes & después
i. abrir & cerrar j. gordo & delgado k. ancho & estrecho l. pobre & rico m. bueno & malo
n. dentro & fuera o. arriba & abajo

1. Barato & caro Can you connect the matching opposites?

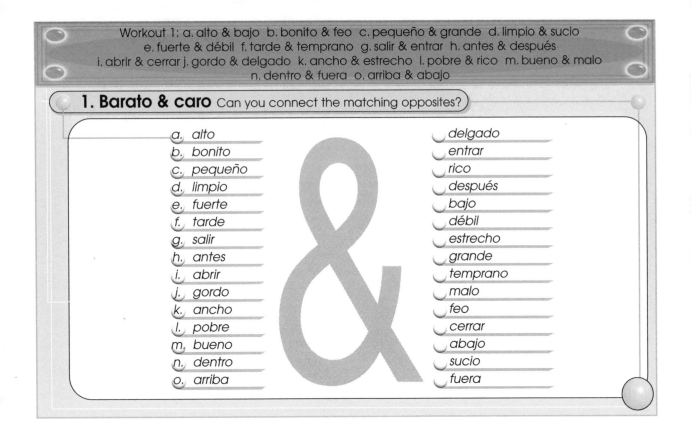

a. alto		delgado
b. bonito		entrar
c. pequeño		rico
d. limpio		después
e. fuerte		bajo
f. tarde		débil
g. salir		estrecho
h. antes		grande
i. abrir		temprano
j. gordo		malo
k. ancho		feo
l. pobre		cerrar
m. bueno		abajo
n. dentro		sucio
o. arriba		fuera

2. ¡Búscame! Can you find the odd-one-out?

a. uno, dos, trece, cuatro

b. francés, inglés, suizo, texano

c. jamón, queso, pan, jabón

d. lunes, martes, miércoles, junio

e. col, pimiento, cebolla, vinagre

f. caminar, ir, correr, volar

g. entender, comprender, mirar, saber

h. nieve, lluvia, viento, verano

i. gallina, pato, cordero, ganso

j. camisa, chaqueta, gafas, corbata

k. escribir, leer, anotar, dibujar

l. naranja, vino, jugo, té

m. cansado, hambriento, pobre, sediento

n. oír, ver, oler, cenar

o. mañana, tarde, noche, ayer

Workout 3: a. cortar b. tenedor c. duro d. madura e. papel f. almuerzo
g. cena h. vaso i. móvil j. computadora k. aprender l. hasta luego
m. desayuno n. propina o. autobús

3. ¡Complétame! Can you fill the blanks with the correct word?

a. Un cuchillo sirve para _ _ _ _ _ _ _.

b. Con un _ _ _ _ _ _ _ se come.

c. Este pan está _ _ _ _ _ _. No se puede comer.

d. La manzana está _ _ _ _ _ _ _. Se puede comer.

e. Las servilletas en los bares son de _ _ _ _ _ _ _.

f. En España el _ _ _ _ _ _ _ es a las dos de la tarde.

g. Pero la _ _ _ _ _ _ _ puede ser después de las diez.

h. Un _ _ _ _ _ _ _ de agua cuesta cien pesetas.

i. Si tiene un _ _ _ _ _ _ _ puede telefonear siempre.

j. Para trabajar en la Internet necesitamos una _ _ _ _ _ _ _.

k. Para _ _ _ _ _ _ _ español hacemos ejercicios.

l. Cuando nos despedimos decimos _ _ _ _ _ _ _.

m. El _ _ _ _ _ _ _ español no es muy fuerte.

n. Después de pagar, damos al camarero una _ _ _ _ _ _ _.

o. Para tomar el _ _ _ _ _ _ _ esperamos en la parada.

hasta luego
aprender
computadora
móvil
cena
cortar
madura
tenedor
propina
vaso
duro
autobús
papel
desayuno
almuerzo

4. ¡Somos casi iguales! Can you match the synonyms?

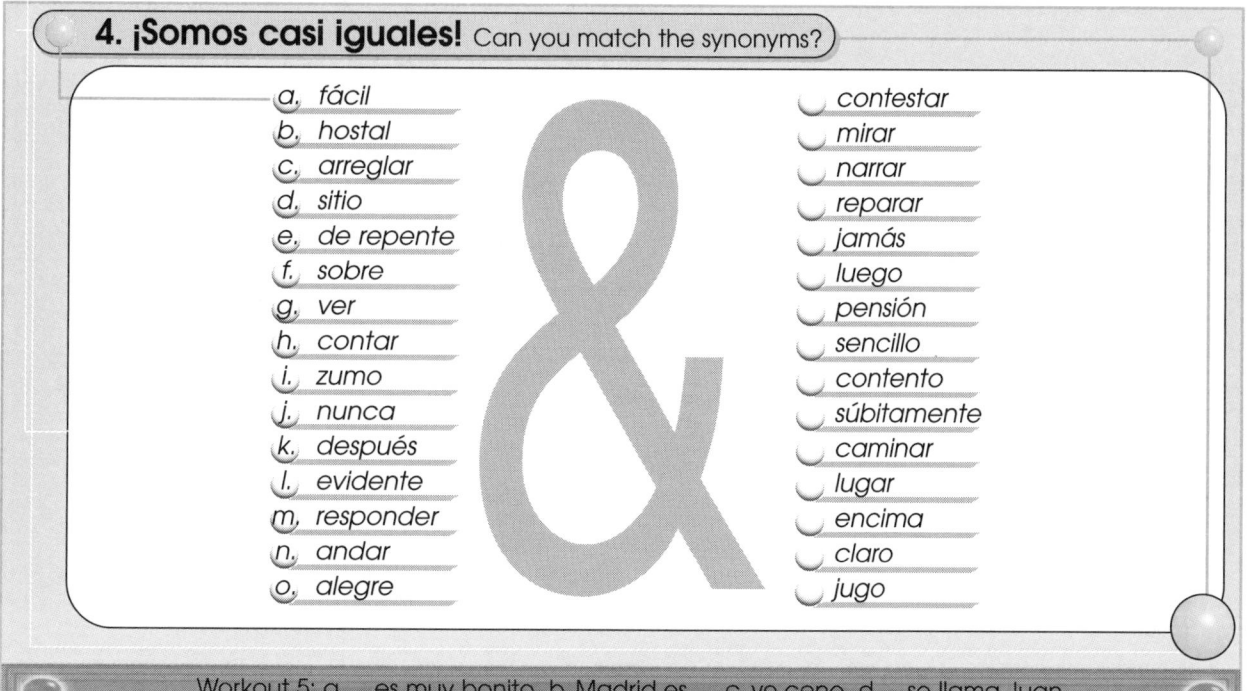

a. fácil
b. hostal
c. arreglar
d. sitio
e. de repente
f. sobre
g. ver
h. contar
i. zumo
j. nunca
k. después
l. evidente
m. responder
n. andar
o. alegre

&

○ contestar
○ mirar
○ narrar
○ reparar
○ jamás
○ luego
○ pensión
○ sencillo
○ contento
○ súbitamente
○ caminar
○ lugar
○ encima
○ claro
○ jugo

Workout 5: a. ... es muy bonito b. Madrid es ... c. yo ceno d. ... se llama Juan
e. ... muy simpática f. ... son altas g. ... encima de la mesa
h. ... tienes tú i. En mi coche hay ... j. ... yo me ducho k. ... sueño l. ... cuesta ...
m. ... yo voy ... n. una botella o. Me gustan ...

Workout 4: a. fácil & sencillo b. hostal & pensión c. arreglar & reparar d. sitio & lugar
e. de repente & súbitamente f. sobre & encima g. ver & mirar h. contar & narrar
i. zumo & jugo j. nunca & jamás k. después & luego l. evidente & claro
m. responder & contestar n. andar & caminar o. alegre & contento

5. ¡Busca la falta! Can you find the error in these sentences?

a. Este libro está muy bonito.

b. Barcelona es la capital de España.

c. Normalmente yo almuerzo a las ocho de la noche.

d. Mi hermano se llamo Juan.

e. María es una chica mucho simpática.

f. Las montañas en Perú son altos.

g. El libro está encima la mesa.

h. ¿Cuántos años eres tú?

i. En mi coche es un mapa de Estados Unidos.

j. Después de desayunar, yo mi ducho.

k. Cuando yo duermo, sueno con playas.

l. Un coche normal costa doce mil dólares.

m. Esta mañana yo ir a la escuela.

n. ¿Cuánto cuesta una botela de agua sin gas?

o. Me gusta los políticos inteligentes.

6. ¿Hay o estar? Can you complete these sentences correctly?

a. La mesa _ _ _ _ _ en la cocina.

b. ¿Dónde _ _ _ _ _ la farmacia, por favor?

c. Los niños _ _ _ _ _ enfermos.

d. Dallas _ _ _ _ _ en Texas.

e. En Madrid _ _ _ _ _ muchos bares.

f. ¿ _ _ _ _ _ un quiosco en esta calle?

g. El café _ _ _ _ _ muy caliente.

h. Mi maleta _ _ _ _ _ en el aeropuerto.

i. Debajo de mi cama _ _ _ _ _ dos libros.

j. En la escuela _ _ _ _ _ estudiantes extranjeros.

k. El tiempo en invierno _ _ _ _ _ malo.

l. En primavera _ _ _ _ _ flores en el campo.

m. En San Diego _ _ _ _ _ Ana y Teresa.

n. En la cocina _ _ _ _ _ también sillas.

o. ¿ _ _ _ _ _ alguna persona de Argentina en este avión?

Workout 7: a. tú b. sí c. te d. mi e. ahora f. sé g. ha h. hasta
i. casa j. olas k. cena l. vaca m. pollo n. hay o. aún

7. Se pronuncian igual Do you know which word is correct?

a. ¿Eres **tu/tú** un amigo de Ana?

b. **Si/sí**, soy amigo de ella.

c. ¿Cómo **te/té** llamas?

d. **Mi/mí** nombre es Leonardo.

e. ¿Sabes dónde está Ana **ahora/a hora**?

f. No, no **se/sé**. ¿Dónde está?

g. No **ha/a** venido a la fiesta.

h. Ella normalmente trabaja **asta/hasta** las ocho.

i. Y trabaja en **casa/caza**, ¿no?

j. No. Desde su oficina puede ver las **holas/olas** del mar.

k. Tenemos preparada la **cena/sena**.

l. ¿Qué tienen, carne de **baca/vaca**?

m. No. Ahora solo comemos **poyo/pollo**.

n. ¿**Ay/hay** también arroz?

o. Sí, pero **aun/aún** no está preparado.

8. ¡Para viajar! Can you fill in the appropriate verbs?

a. Para viajar, tenemos que _ _ _ _ _ _ _ a la agencia de viajes,

b. _ _ _ _ _ _ _ por un viaje,

c. _ _ _ _ _ _ _ los billetes,

d. _ _ _ _ _ _ _ las maletas,

e. y _ _ _ _ _ _ _ un taxi para ir al aeropuerto.

f. En el aeropuerto tenemos que_ _ _ _ _ _ _,

g. _ _ _ _ _ _ _ las maletas,

h. y _ _ _ _ _ _ _ al avión.

i. En el avión es posible _ _ _ _ _ _ _ un café,

j. _ _ _ _ _ _ _ una película,

k. _ _ _ _ _ _ _ con otros turistas

l. y _ _ _ _ _ _ _ un poco de español.

m. En el hotel, tenemos que _ _ _ _ _ _ _ la llave,

n. _ _ _ _ _ _ _ en nuestra habitación

o. y después _ _ _ _ _ _ _ a la calle.

subir
ver
entregar
comprar
tomar
hablar
estudiar
hacer
ir
esperar
recoger
preguntar
salir
llamar
entrar

Workout 9: a. 8 b. 4 c. 6 d. 2 e. 9 f. 3 g. 5 h. 1 i. 7 j. 11 k. 13 l. 14 m. 15 n. 12 o. 10

9. ¿2 y 2 son...? Can you work these out?

a.	8	+	5	=	(¿Ocho y cinco son?)
b.	15	+	11	=	
c.	35	+	47	=	
d.	34	+	43	=	
e.	20	−	3	=	(¿Veinte menos tres son?)
f.	79	−	20	=	
g.	61	−	15	=	
h.	97	−	27	=	
i.	17	+	14	=	
j.	120	−	30	=	
k.	300	−	190	=	
l.	30	−	19	=	
m.	101	+	102	=	
n.	509	+	6	=	
o.	25	+	30	=	

1. setenta
2. setenta y siete
3. cincuenta y nueve
4. veintiséis
5. cuarenta y seis
6. ochenta y dos
7. treinta y uno
8. trece
9. diecisiete
10. cincuenta y cinco
11. noventa
12. quinientos quince
13. ciento diez
14. once
15. doscientos tres

10. ¡Vivan las preposiciones! Do you know where these objects are found?

a. la estufa eléctrica
b. la cama
c. la lámpara
d. el despertador
e. el lavamanos
f. el coche
g. la gasolina
h. la videocasetera
i. el abrigo
j. el espejo
k. el sofá
l. los zapatos
m. la ropa
n. los libros
o. el dinero

○ sobre la mesilla de noche
○ en el perchero
○ en el garaje
○ debajo del televisor
○ en el dormitorio
○ en la sala de estar
○ sobre la mesa
○ en el suelo
○ en el armario
○ en la cartera
○ en la cocina
○ en el coche
○ en la estantería
○ en el baño
○ en el pasillo

Workout 11: a. mediterránea b. al este de Estados Unidos c. una región española
d. la capital de Chile e. en el sur de España f. canadiense g. una isla caribeña
h. una provincia de Cataluña i. en el Atlántico j. con buenos vinos k. ríos importantes
l. está al oeste de Argentina m. Panamá n. ciudad mexicana o. los Estados Unidos

Workout 10: a. en la cocina   b. en el dormitorio   c. sobre la mesa   d. sobre la mesilla de noche
e. en el baño   f. en el garaje   g. en el coche   h. debajo del televisor   i. en el perchero
j. en el pasillo   k. en la sala de estar   l. en el suelo   m. en el armario   n. en la estantería
o. en la cartera

11. Geografía How well do you know your geography?

a. Valencia es una ciudad
b. Filadelfia está
c. Canarias es
d. Santiago es
e. Andalucía está
f. Quebec es una ciudad
g. Cuba es
h. Barcelona es
i. Las Bahamas son islas
j. El valle de Napa es una región
k. El Misisipí y el Colorado son
l. La cordillera de Los Andes
m. Al sur de Costa Rica está
n. Monterrey es una
o. Al norte de México están

- canadiense
- en el sur de España
- con buenos vinos
- mediterránea
- una región española
- ríos importantes
- al este de Estados Unidos
- los Estados Unidos
- está al oeste de Argentina
- Panamá
- en el Atlántico
- una isla caribeña
- la capital de Chile
- ciudad mexicana
- una provincia de Cataluña

12. ¿Un, uno, una? Which of these indefinite articles is correct?

a. USA Today es _ _ _ _ periódico estadounidense.

b. En mi maleta hay _ _ _ _ revista.

c. 2 menos 1 es _ _ _ _.

d. _ _ _ _ hombre de Andalucía es andaluz.

e. Mañana compro _ _ _ _ mapa.

f. Tú tienes dos coches y yo tengo _ _ _ _.

g. Hoy es _ _ _ _ día muy especial.

h. La jefe de mi departamento es _ _ _ _ mujer muy inteligente.

i. ¿Quiere usted dos kilos de tomates? No, sólo _ _ _ _, por favor.

j. ¿Quiere usted _ _ _ _ bolso? No, gracias. Yo tengo _ _ _ _.

k. ¿Dónde hay _ _ _ _ bar en esta calle?

l. Yo soy _ _ _ _ estudiante española.

m. Isabel no tiene _ _ _ _ hijo; tiene tres hijos.

n. Aquí hay _ _ _ _ estación de autobuses.

o. Colombia tiene _ _ _ _ capital, pero Bolivia tiene dos: La Paz y Sucre.

Workout 13: a. escribir b. pagar c. jugar d. correr e. nadar f. leer g. sentarse h. aprender
i. desayunar j. despertarse k. cocinar l. vivir m. cambiar n. hacer o. abrir

13. ¡Complétame! Can you fill the blanks with the correct verb?

a. Un bolígrafo es para _ _ _ _ _ _ _.

b. El dinero es para _ _ _ _ _ _ _.

c. El balón de fútbol es para _ _ _ _ _ _ _.

d. Unos zapatos deportivos son para _ _ _ _ _ _ _.

e. Una piscina es para _ _ _ _ _ _ _.

f. Un periódico es para _ _ _ _ _ _ _.

g. Un banco es para _ _ _ _ _ _ _.

h. Una escuela es para _ _ _ _ _ _ _.

i. Para _ _ _ _ _ _ _ se necesita mermelada.

j. Para _ _ _ _ _ _ _ es importante un despertador.

k. Para _ _ _ _ _ _ _ es necesaria agua caliente.

l. Para _ _ _ _ _ _ _ necesitamos comer.

m. Para _ _ _ _ _ _ _ dinero se necesita un banco.

n. Para _ _ _ _ _ _ _ deporte es buena la playa.

o. Con la llave se puede _ _ _ _ _ _ _ la puerta.

leer

nadar

sentarse

cocinar

escribir

despertarse

hacer

jugar

pagar

cambiar

vivir

abrir

desayunar

correr

aprender

14. ¡Somos casi iguales! Can you select the synonym?

a. _responder_
1. ⌣ afirmar
2. ⌣ contestar
3. ⌣ decir

b. _gustar_
1. ⌣ preferir
2. ⌣ coger
3. ⌣ tomar

c. _saber_
1. ⌣ imaginar
2. ⌣ creer
3. ⌣ conocer

d. _beber_
1. ⌣ coger
2. ⌣ dejar
3. ⌣ tomar

e. _comprender_
1. ⌣ empezar
2. ⌣ entender
3. ⌣ aprender

f. _encontrarse_
1. ⌣ saludarse
2. ⌣ estar
3. ⌣ despedirse

Workout 15: a. 55 b. 909 c. 30,003 d. 1,013 e. 15,500 f. 100,707 g. 155,000 h. 200,101 i. 5,013
j. 1,998 k. 150,005 l. 404 m. 511 n. 7,111 o. 215,017

15. ¡Números! Can you write out these numbers?

a. cincuenta y cinco

b. novecientos nueve

c. treinta mil tres

d. mil trece

e. quince mil quinientos

f. cien mil setecientos siete

g. ciento cincuenta y cinco mil

h. doscientos mil ciento uno

i. cinco mil trece

j. mil novecientos noventa y ocho

k. ciento cincuenta mil cinco

l. cuatrocientos cuatro

m. quinientos once

n. siete mil ciento once

o. doscientos quince mil diecisiete

16. ¡Ser y estar! Can you complete these sentences with the correct verb?

a. Sandra _ _ _ _ _ de España.
b. María _ _ _ _ _ profesora.
c. _ _ _ _ _ las ocho en punto.
d. El Mar Caribe _ _ _ _ _ muy bonito.
e. Mi casa _ _ _ _ _ a la derecha del supermercado.
f. El café _ _ _ _ _ una bebida caliente.
g. El agua del Lago Michigan _ _ _ _ _ muy fría hoy.
h. Nosotros _ _ _ _ _ muy contentos hoy.
i. Esta naranja _ _ _ _ _ de mi hermana.
j. Este café _ _ _ _ _ muy frío.
k. La conferencia _ _ _ _ _ en la Plaza Mayor.
l. El Café Asturias _ _ _ _ _ cerca de la iglesia.
m. El perro siempre _ _ _ _ _ debajo de la mesa.
n. Manolo _ _ _ _ _ enfermo.
o. Los ejercicios _ _ _ _ _ muy bien.

Workout 17: a. en una panadería b. en un hospital c. en casa d. en una relojería
e. en una oficina f. en la calle g. en una carnicería h. en una zapatería i. en una librería
j. en el ejército k. en el campo l. en una escuela m. en la floristería n. en un teatro
o. en una peluquería

17. ¿Dónde trabajan? Do you know where these people work?

a. un panadero

b. una médica

c. una ama de casa

d. un relojero

e. una secretaria

f. un policía de tráfico

g. un carnicero

h. un zapatero

i. un vendedor de libros

j. un soldado

k. un campesino

l. una maestra

m. una florista

n. una cantante de ópera

o. una peluquera

18. Frío y calor Can you match the opposites?

a. verano
b. día
c. verdad
d. derecha
e. de pie
f. simpático
g. agradable
h. despierto
i. siempre
j. algo
k. triste
l. nacer
m. destruir
n. levantarse
o. callarse

&

mentira
sentado
construir
invierno
morir
hablar
noche
nada
dormido
desagradable
acostarse
nunca
izquierda
antipático
alegre

Workout 19: a. buenos b. mujeres c. franceses d. estudiantes e. cuántos f. grises g. verdes
h. turistas i. africanos j. bares k. jóvenes l. nuestros m. cuántas n. habitaciones o. marrones

Workout 18: a. verano & invierno b. día & noche c. verdad & mentira d. derecha & izquierda
e. de pie & sentado f. simpático & antipático g. agradable & desagradable
h. despierto & dormido i. siempre & nunca j. algo & nada k. triste & alegre l. nacer & morir
m. destruir & construir n. levantarse & acostarse o. callarse & hablar

19. ¿-s, -es, -as, -os? Can you choose the correct plural ending?

a. ¡Buen _ _ _ días, señora López!

b. Las mujer _ _ _ son más inteligentes que los hombres.

c. Los frances _ _ _ beben más vino que cerveza.

d. Las estudiante _ _ _ de español son agradables.

e. ¿Cuánt _ _ _ problemas tiene usted hoy?

f. Los gatos gris _ _ _ son de Salamanca.

g. Las naranjas están verd _ _ _.

h. Los turist _ _ _ estadounidenses hablan también español.

i. En el circo hay elefantes african _ _ _.

j. Los bar _ _ _ españoles son animados.

k. Las chicas jóven _ _ _ son alegres.

l. Nuestr _ _ _ padres están en la cocina.

m. ¿Cuánt _ _ _ personas hay en la clase?

n. En mis habitacion _ _ _ hay ventanas grandes.

o. Las mesas marron _ _ _ son de los alumnos.

20. ¡Búscame! Can you spot the odd-one-out?

a. isla, continente, península, ciudad

b. francos, pesos, dólares, centavos

c. panadero, taxista, jubilado, dentista

d. puerta, baño, ventana, pared

e. carta, computadora, móvil, impresora

f. hotel, pensión, edificio, hostal

g. paseo, terraza, carretera, patio

h. recepción, piso, ascensor, llave

i. estación, estacionamiento, aeropuerto, tienda

j. desayuno, bocadillo, almuerzo, cena

k. factura, cuenta, cambio, recibo

l. pijama, arena, sombrilla, toalla

m. mochila, botas, estantería, paraguas

n. tienda, monedas, botica, gasolinera

o. zapatillas, sandalias, calcetines, zapatos

Workout 21: a. la vaca & leche fresca b. el toro & corrida c. la oveja & lana d. el escorpión & veneno e. la gaviota & mar f. el mono & origen humano g. el caballo & vaqueros h. el perro & buen amigo i. la abeja & miel j. la rana & humedad k. el canario & amarillo l. el loro & repetir m. la tortuga & tranquilidad n. la hormiga & trabajadora o. la gallina & huevo

21. ¡Parejas de ideas! Do you know what these animals are associated with?

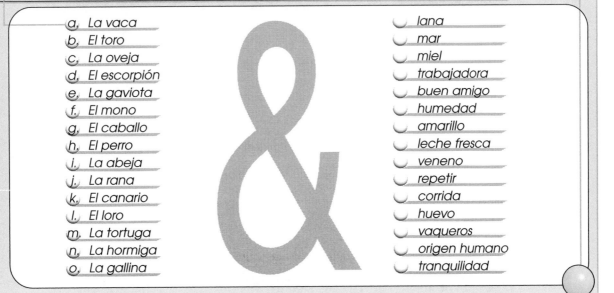

a. La vaca
b. El toro
c. La oveja
d. El escorpión
e. La gaviota
f. El mono
g. El caballo
h. El perro
i. La abeja
j. La rana
k. El canario
l. El loro
m. La tortuga
n. La hormiga
o. La gallina

lana
mar
miel
trabajadora
buen amigo
humedad
amarillo
leche fresca
veneno
repetir
corrida
huevo
vaqueros
origen humano
tranquilidad

22. Algún(-o, -a), alguien, ningún(-o, -a), nadie Can you select the right word?

a. ¿Hay _ _ _ _ _ _ _ _ persona en la playa?

b. No, no hay _ _ _ _ _ _ _ _ persona. Es temprano.

c. ¿Desea _ _ _ _ _ _ _ _ un poco más de café?

d. No, _ _ _ _ _ _ _ _ desea más café.

e. ¿Hay _ _ _ _ _ _ _ _ hombre en la clase de español?

f. No, no hay _ _ _ _ _ _ _ _. Todas son mujeres.

g. En el supermercado no trabaja _ _ _ _ _ _ _ _ hombre.

h. Pero en el banco no trabaja _ _ _ _ _ _ _ _ mujer.

i. Normalmente _ _ _ _ _ _ _ _ duerme la siesta en Estados Unidos.

j. ¿Tienes _ _ _ _ _ _ _ _ libro de Juan Rulfo?

k. Sí, claro. Tengo _ _ _ _ _ _ _ _ en mi dormitorio.

l. Yo no tengo _ _ _ _ _ _ _ _ novela de escritoras americanas.

m. _ _ _ _ _ _ _ _ día yo voy a hablar francés.

n. Tengo muchos discos, ¿quieres _ _ _ _ _ _ _ _?

o. No gracias, no quiero _ _ _ _ _ _ _ _.

Workout 23: a. Los libros no están sobre la mesa. b. Hoy es el tres de octubre.
c. Los Alpes son grandes montañas suizas. d. María almuerza a las doce y cena a las ocho.
e. Mi clase de español es siempre agradable. f. Los Estados Unidos tienen cincuenta estados.
g. Algunas playas españolas no están limpias.

Workout 22: a. alguna b. ninguna c. alguien d. nadie e. algún f. ninguno g. ningún
h. ninguna i. nadie j. algún k. alguno l. ninguna m. algún n. alguno o. ninguno

23. ¡Desorden! Can you reorganize these sentences?

a. la libros mesa no Los están sobre

b. es octubre Hoy tres el de

c. Alpes suizas Los montañas son grandes

d. a cena a María almuerza las ocho y las doce

e. clase de español siempre es Mi agradable

f. Unidos Los Estados cincuenta tienen estados

g. limpias playas están Algunas españolas no

24. ¡Somos compañeras! Can you match these words?

a. libros

b. coche

c. cabeza

d. gafas

e. electricidad

f. lámpara

g. niño

h. instrumento

i. fuego

j. calendario

k. familia

l. suelo

m. chica

n. jardín

o. docena

&

energía

ojos

infantil

quemar

doce

llanta

tierra

luz

estantería

sombrero

mujer

patio

año

aparato

hermanos

Workout 25: a. cuántos b. dónde c. qué d. quién e. cuántas f. cuándo g. cómo
h. de dónde i. por qué j. cuánto k. cuándo l. quién m. cuánta n. cómo o. qué

Workout 24: a. libros & estantería b. coche & llanta c. cabeza & sombrero d. gafas & ojos
e. electricidad & energía f. lámpara & luz g. niño & infantil h. instrumento & aparato
i. fuego & quemar j. calendario & año k. familia & hermanos l. suelo & tierra
m. chica & mujer n. jardín & patio o. docena & doce

25. ¡Para preguntar! Do you know what question word fits the blanks?

a. ¿_ _ _ _ _ _ _ _ años tiene usted?

b. ¿_ _ _ _ _ _ _ _ vive María?

c. ¿_ _ _ _ _ _ _ _ hora es?

d. ¿_ _ _ _ _ _ _ _ es el presidente de España?

e. ¿_ _ _ _ _ _ _ _ mujeres son rubias?

f. ¿_ _ _ _ _ _ _ _ viene Isabel a mi casa?

g. ¿_ _ _ _ _ _ _ _ te llamas?

h. ¿_ _ _ _ _ _ _ _ es Felipe, de Sevilla?

i. ¿_ _ _ _ _ _ _ _ es el euro una moneda fuerte?

j. ¿_ _ _ _ _ _ _ _ dinero ganan los políticos?

k. ¿_ _ _ _ _ _ _ _ son las vacaciones?

l. ¿_ _ _ _ _ _ _ _ habla francés en tu clase?

m. ¿_ _ _ _ _ _ _ _ leche hay en la nevera?

n. ¿_ _ _ _ _ _ _ _ se dice nevera en inglés?

o. ¿_ _ _ _ _ _ _ _ cantante te gusta más?

26. Buen, bueno y bien Can you select the correct word?

a. Antonio es un _ _ _ _ _ _ _ chico.

b. Matilde habla _ _ _ _ _ _ _ inglés.

c. Carmen no está enferma, está _ _ _ _ _ _ _.

d. Dolores tiene una _ _ _ _ _ _ _ habitación.

e. Sandra tiene un hermano _ _ _ _ _ _ _.

f. Raúl es un _ _ _ _ _ _ _ hombre.

g. La _ _ _ _ _ _ _ paella está en Valencia.

h. Teresa trabaja _ _ _ _ _ _ _ en la oficina.

i. Cristina hace una _ _ _ _ _ _ _ sopa.

j. Carola desayuna siempre un _ _ _ _ _ _ _ café con leche.

k. Begoña puede cantar muy _ _ _ _ _ _ _.

l. ¡Camarero! Este café no está _ _ _ _ _ _ _.

m. Muy _ _ _ _ _ _ _, señor. ¿Quiere otro café?

n. El _ _ _ _ _ _ _ libro no es caro.

o. La cebolla no es _ _ _ _ _ _ _ para los ojos.

Workout 27: a. para b. por c. por d. por e. para f. para g. por h. por i. para j. por k. para l. por m. para n. por o. para

27. ¡Vivan las preposiciones! por y para Do you know the correct preposition?

a. Mañana voy en coche _ _ _ _ _ _ _ Granada.

b. _ _ _ _ _ _ _ la noche estudio en mi habitación.

c. ¡ _ _ _ _ _ _ _ favor! ¿Dónde hay un mercado?

d. _ _ _ _ _ _ _ aquí no hay mercados.

e. La madre compra una camisa _ _ _ _ _ _ _ el niño.

f. Es importante hablar lenguas _ _ _ _ _ _ _ comunicarse en el extranjero.

g. Ramón duerme la siesta _ _ _ _ _ _ _ la tarde.

h. ¿Este tren pasa _ _ _ _ _ _ _ Córdoba?

i. No. Este tren va _ _ _ _ _ _ _ Alicante.

j. ¿ _ _ _ _ _ _ _ qué no visitas el museo?

k. Yo nunca tengo tiempo _ _ _ _ _ _ _ visitar el museo.

l. Mañana _ _ _ _ _ _ _ la mañana voy a Jerez.

m. Estas manzanas son _ _ _ _ _ _ _ mí.

n. Hay unos niños _ _ _ _ _ _ _ la calle.

o. Tengo un bolso _ _ _ _ _ _ _ ir de compras el fin de semana.

28. En el mercado Can you fill the blanks with the appropriate word?

a. _____ ¿Tiene usted _____ nuevas?
1. ◡ leche
2. ◡ plátanos
3. ◡ papas

d. _____ ¿Cuánto cuesta la _____ ?
1. ◡ pescado
2. ◡ carne
3. ◡ salchichas

b. _____ ¿A cuánto están los _____ hoy?
1. ◡ naranjas
2. ◡ huevos
3. ◡ pimiento

e. _____ Deseo un litro de _____ .
1. ◡ sal
2. ◡ vinagre
3. ◡ uva

c. _____ Quisiera medio kilo de _____ .
1. ◡ aceite
2. ◡ ajos
3. ◡ cebolla

f. _____ Necesito _____ fresca.
1. ◡ queso
2. ◡ limonada
3. ◡ cuenta

Workout 29: a. muchas b. alemán c. negra d. amarillas e. ... muy bueno/no está muy bien
f. Cádiz está g. poco h. azul i. buen j. qué número ... k. dónde están ...
l. la médica/el médico ... m. este programa n. la situación económica o. alemanes

29. ¡Busca la falta! Can you spot the mistake in these sentences?

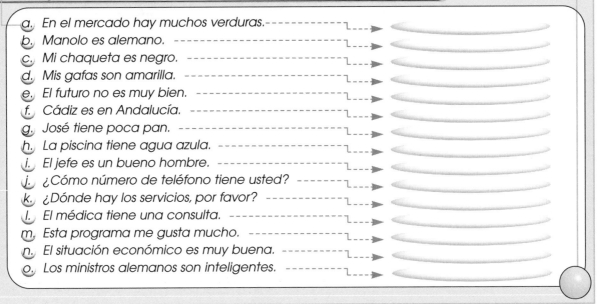

a. En el mercado hay muchos verduras.

b. Manolo es alemano.

c. Mi chaqueta es negro.

d. Mis gafas son amarilla.

e. El futuro no es muy bien.

f. Cádiz es en Andalucía.

g. José tiene poca pan.

h. La piscina tiene agua azula.

i. El jefe es un bueno hombre.

j. ¿Cómo número de teléfono tiene usted?

k. ¿Dónde hay los servicios, por favor?

l. El médica tiene una consulta.

m. Esta programa me gusta mucho.

n. El situación económico es muy buena.

o. Los ministros alemanos son inteligentes.

30. Oscuro y claro Can you match the opposites?

a. arriba
b. dentro
c. detrás
d. sobre
e. cerca
f. con
g. aquí
h. casado
i. con trabajo
j. gordo
k. trabajador
l. gasto
m. ganancia
n. diversión
o. húmedo

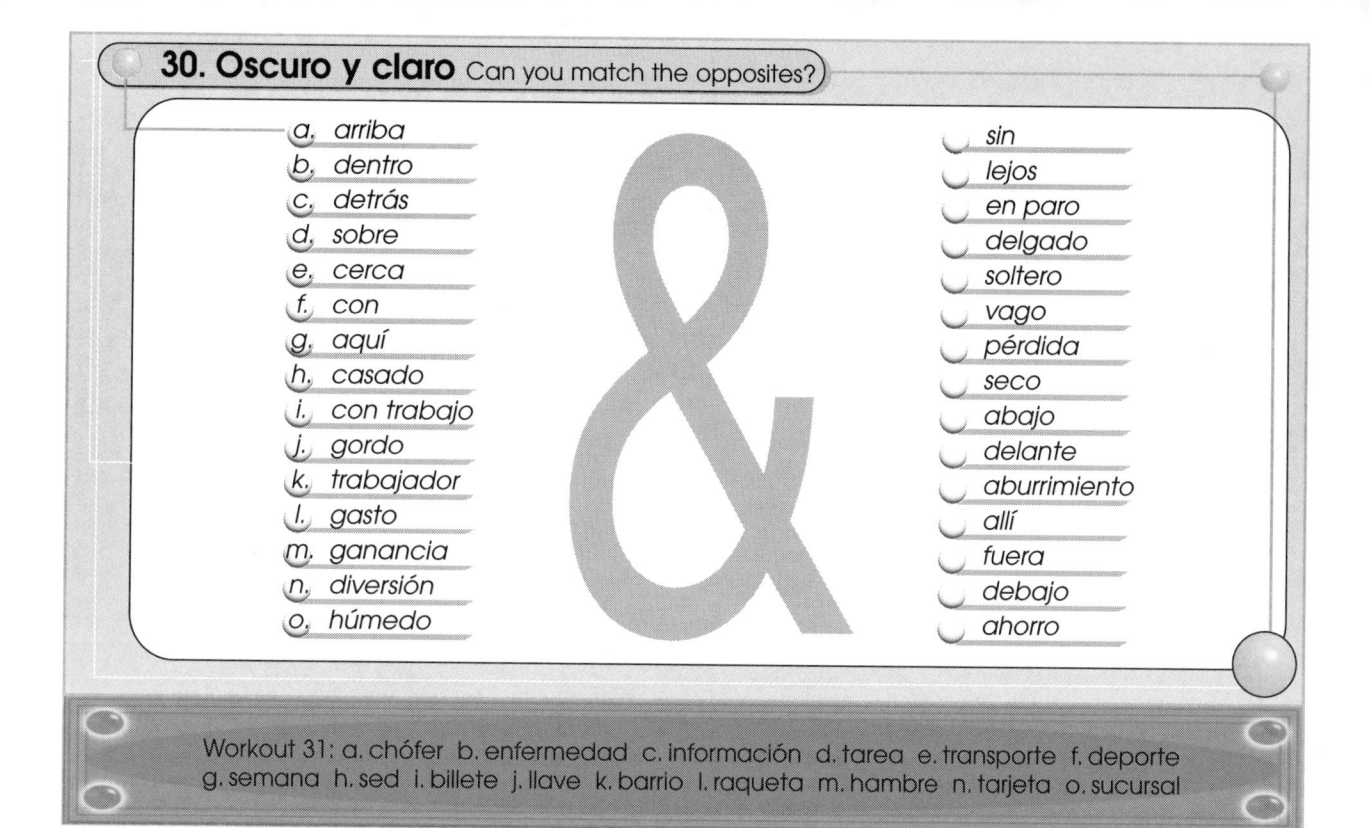

- sin
- lejos
- en paro
- delgado
- soltero
- vago
- pérdida
- seco
- abajo
- delante
- aburrimiento
- allí
- fuera
- debajo
- ahorro

Workout 31: a. chófer b. enfermedad c. información d. tarea e. transporte f. deporte
g. semana h. sed i. billete j. llave k. barrio l. raqueta m. hambre n. tarjeta o. sucursal

Workout 30: a. arriba & abajo   b. dentro & fuera   c. detrás & delante   d. sobre & debajo
e. cerca & lejos   f. con & sin   g. aquí & allí   h. casado & soltero   i. con trabajo & en paro
j. gordo & delgado   k. trabajador & vago   l. gasto & ahorro   m. ganancia & pérdida
n. diversión & aburrimiento   o. húmedo & seco

31. ¡Complétame! Can you find the word that fits the blank?

a. El _ _ _ _ _ _ _ del autobús se llama Eduardo.

b. Esta _ _ _ _ _ _ _ no es contagiosa.

c. La _ _ _ _ _ _ _ de los periódicos no es de última hora.

d. La _ _ _ _ _ _ _ no es muy difícil.

e. El _ _ _ _ _ _ _ público es esencial en la ciudad.

f. En las montañas también se hace _ _ _ _ _ _ _.

g. La _ _ _ _ _ _ _ tiene siete días.

h. Necesito agua porque tengo _ _ _ _ _ _ _.

i. ¿Cuánto cuesta un _ _ _ _ _ _ _ de ida y vuelta?

j. En la recepción entregamos la _ _ _ _ _ _ _.

k. Mi hotel está en un _ _ _ _ _ _ _ bonito.

l. Su _ _ _ _ _ _ _ de tenis está rota.

m. Quiero comer algo porque tengo _ _ _ _ _ _ _.

n. Nuestra _ _ _ _ _ _ _ de crédito está expirada.

o. El banco central tiene una _ _ _ _ _ _ _ en mi ciudad.

raqueta
tarea
deporte
billete
sed
chófer
llave
sucursal
barrio
tarjeta
semana
enfermedad
información
hambre
transporte

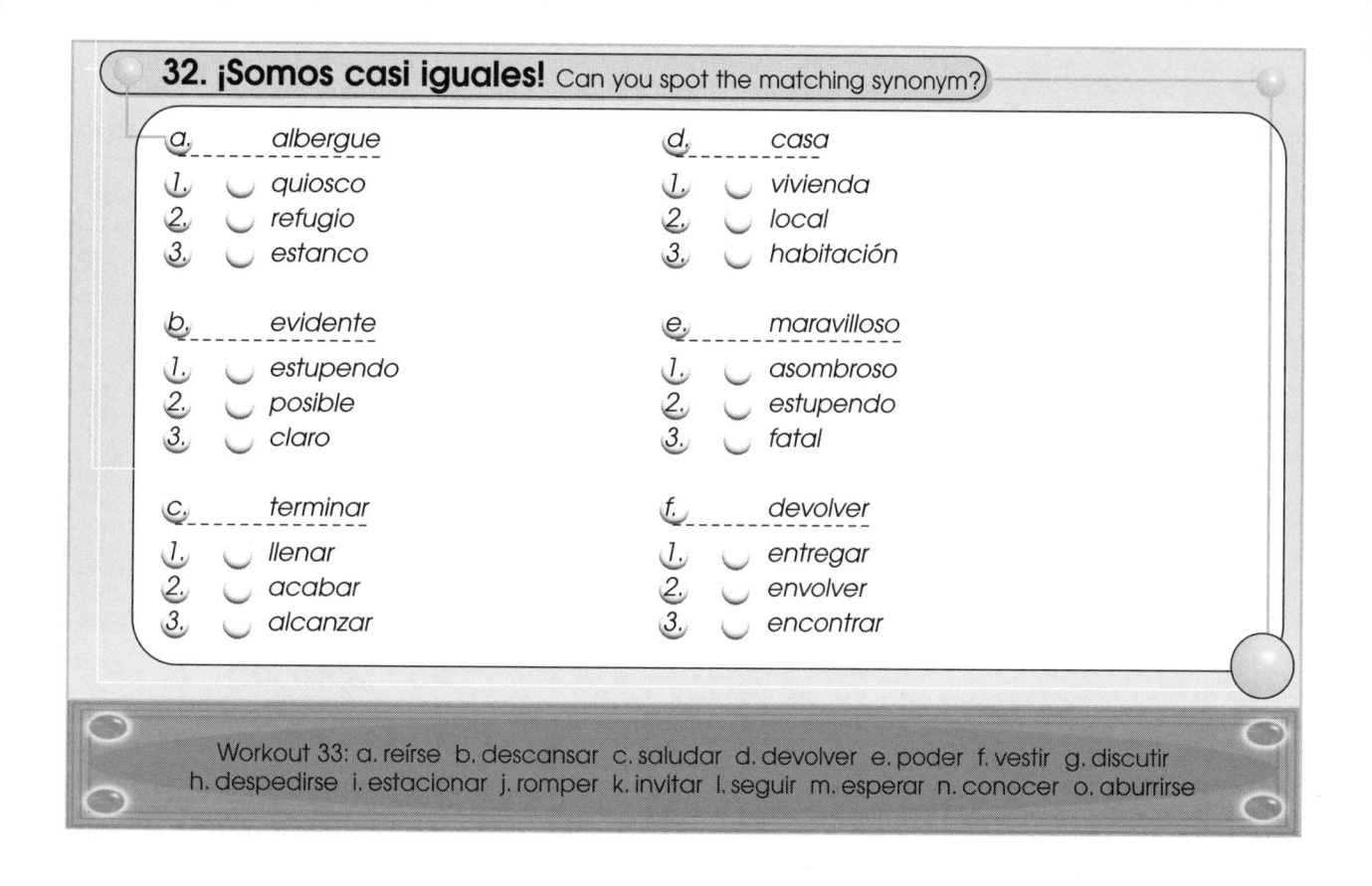

32. ¡Somos casi iguales! Can you spot the matching synonym?

a. _____ albergue
1. ◯ quiosco
2. ◯ refugio
3. ◯ estanco

b. _____ evidente
1. ◯ estupendo
2. ◯ posible
3. ◯ claro

c. _____ terminar
1. ◯ llenar
2. ◯ acabar
3. ◯ alcanzar

d. _____ casa
1. ◯ vivienda
2. ◯ local
3. ◯ habitación

e. _____ maravilloso
1. ◯ asombroso
2. ◯ estupendo
3. ◯ fatal

f. _____ devolver
1. ◯ entregar
2. ◯ envolver
3. ◯ encontrar

Workout 33: a. reírse b. descansar c. saludar d. devolver e. poder f. vestir g. discutir
h. despedirse i. estacionar j. romper k. invitar l. seguir m. esperar n. conocer o. aburrirse

33. ¡Búscame! Can you spot the odd-one-out?

a. despertarse, levantarse, reírse, ducharse

b. desayunar, almorzar, descansar, cenar

c. preguntar, responder, saludar, argumentar

d. devolver, limpiar, lavar, planchar

e. estudiar, aprender, pensar, poder

f. lavar, vestir, secar, peinar

g. comprar, discutir, vender, pagar

h. reír, sonreír, enfadarse, despedirse

i. pasear, estacionar, nadar, jugar

j. recibir, romper, dar, entregar

k. escribir, invitar, leer, anotar

l. llevar, seguir, traer, enviar

m. conversar, esperar, dialogar, hablar

n. subir, bajar, volver, conocer

o. divertirse, alegrarse, aburrirse, relajarse

34. ¡Vivan las preposiciones! Do you know which preposition is correct?

a. María va ... la calle.   *en, de, por, sin*

b. Yo no soy suizo, soy ... Canarias.   *a, para, de, en*

c. Las manzanas están ... la mesa.   *contra, desde, sobre, con*

d. ¡Toma! Este regalo es ... ti.   *por, de, para, a*

e. Aprendo español ... el año pasado.   *de, hasta, desde, tras*

f. ... la casa y el jardín hay un río.   *bajo, hacia, entre, tras*

g. Los lunes ... la noche tengo clase.   *en, a, por, de*

h. Natalie va a Boston ... trabajar.   *hacia, en, para, según*

i. Natalie va ahora ... Boston.   *hacia, en, para, según*

j. La excursión es ... la semana.   *de, ante, durante, para*

k. Estoy sentado ... la silla.   *debajo de, entre, en, a*

l. Mi abrigo es ... lana.   *sobre, en, de, detrás de*

m. El accidente es ... mi casa.   *de, a, hacia, delante de*

n. Hoy el peso está ... $0.10 dólares.   *para, ante, a, con*

o. ... 18 años somos adultos.   *por, después de, con, sin*

Workout 35: a. más que b. más de c. más que d. menos/más de e. más/menos de
f. menos que g. más/menos que h. más de i. más que j. menos que k. menos de
l. más/menos que m. más de n. más que o. más que

35. Más que, menos que; más de, menos de Can you select the right form?

a. Las naranjas cuestan _ _ _ _ _ _ _ los plátanos.

b. En México viven _ _ _ _ _ _ _ noventa millones de personas.

c. El sol calienta _ _ _ _ _ _ _ la luna.

d. Alicia tiene _ _ _ _ _ _ _ veinte años.

e. Los niños gastan _ _ _ _ _ _ _ mil pesetas a la semana.

f. Las bicicletas corren _ _ _ _ _ _ _ los coches.

g. Un viaje a Argentina cuesta _ _ _ _ _ _ _ uno a Bolivia.

h. En Paraguay se habla _ _ _ _ _ _ _ una lengua.

i. Un político trabaja _ _ _ _ _ _ _ un dentista.

j. Pero un político gana _ _ _ _ _ _ _ un dentista.

k. En España hay _ _ _ _ _ _ _ cuarenta millones de habitantes.

l. Ana habla _ _ _ _ _ _ _ tú.

m. Este libro contiene _ _ _ _ _ _ _ ciento treinta ejercicios.

n. Los niños duermen _ _ _ _ _ _ _ los adultos.

o. Los periódicos informan _ _ _ _ _ _ _ la televisión.

36. Geografía Can you name the corresponding capital city?

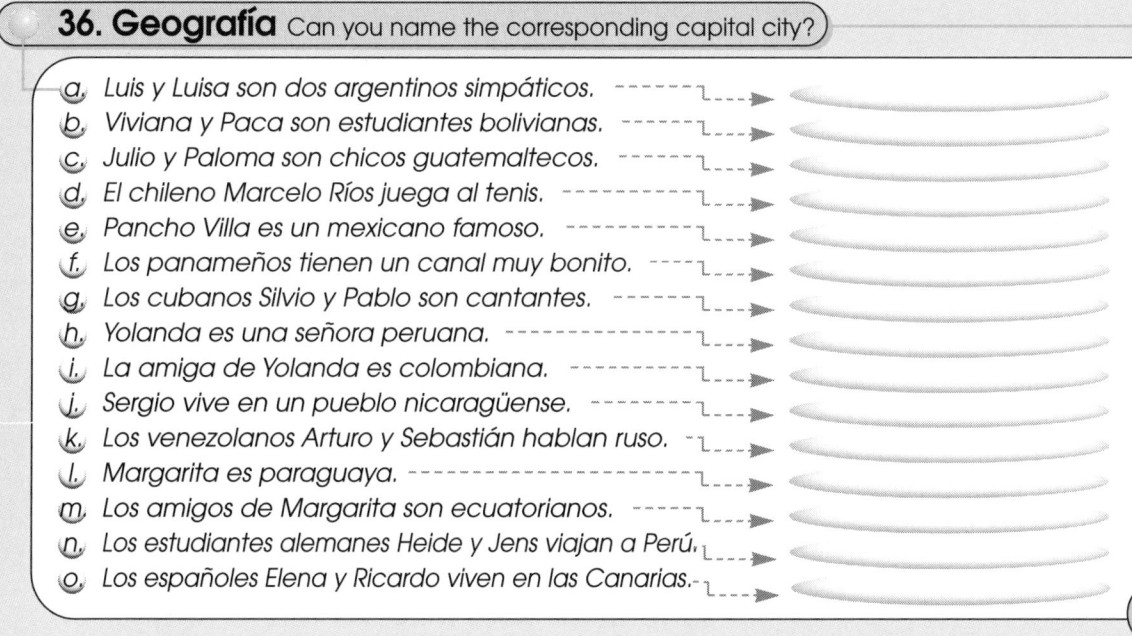

a. Luis y Luisa son dos argentinos simpáticos. ------>
b. Viviana y Paca son estudiantes bolivianas. ------>
c. Julio y Paloma son chicos guatemaltecos. ------>
d. El chileno Marcelo Ríos juega al tenis. ------>
e. Pancho Villa es un mexicano famoso. ------>
f. Los panameños tienen un canal muy bonito. ------>
g. Los cubanos Silvio y Pablo son cantantes. ------>
h. Yolanda es una señora peruana. ------>
i. La amiga de Yolanda es colombiana. ------>
j. Sergio vive en un pueblo nicaragüense. ------>
k. Los venezolanos Arturo y Sebastián hablan ruso. ------>
l. Margarita es paraguaya. ------>
m. Los amigos de Margarita son ecuatorianos. ------>
n. Los estudiantes alemanes Heide y Jens viajan a Perú. ------>
o. Los españoles Elena y Ricardo viven en las Canarias. ------>

Workout 37: a. 3 b. 2 c. 3 d. 3 e. 2 f. 3

Workout 36: a. Buenos Aires b. La Paz c. Guatemala d. Santiago e. México, D.F. f. Panamá
g. La Habana h. Lima i. Bogotá j. Managua k. Caracas l. Asunción m. Quito
n. Berlín o. Madrid

37. Por el camino Do you know where to go?

a. _____ *Para comprar un sello para una postal.*

1. ◡ *la tintorería*
2. ◡ *la librería*
3. ◡ *el correos*

b. _____ *El coche no funciona.*

1. ◡ *una gasolinera*
2. ◡ *un taller*
3. ◡ *una autoescuela*

c. _____ *Tiene dolor de cabeza y no puede dormir.*

1. ◡ *una carpintería*
2. ◡ *una papelería*
3. ◡ *una farmacia*

d. _____ *Necesita botas nuevas.*

1. ◡ *una perfumería*
2. ◡ *una lavandería*
3. ◡ *una zapatería*

e. _____ *Quiere comprar unas gafas.*

1. ◡ *una relojería*
2. ◡ *una óptica*
3. ◡ *una ferretería*

f. _____ *Desea comer unos pasteles.*

1. ◡ *un almacén*
2. ◡ *una floristería*
3. ◡ *una confitería*

38. ¡Búscame! Can you find the odd-one-out?

a. panadería, ferretería, carnicería, pastelería

b. coche, autobús, metro, estación

c. carta, sobre, fax, telegrama

d. bolsillo, maleta, bolsa, bolso

e. empresa, sucursal, departamento, filial

f. joven, adulto, soltero, actitud

g. ascensor, alquiler, abrigo, vivienda

h. acción, caja de ahorros, bono, fondo

i. ruido, silencio, calma, rueda

j. semáforo, lago, calle, velocidad

k. nombre, apellidos, hombre, apodo

l. comisaría, guardia, policía, político

m. testigo, pruebas, fotos, sueño

n. abogado, defensor, amigos, juez

o. cárcel, libertad, paz, tranquilidad

Workout 39: a. sino b. sino c. pero d. pero e. sino f. sino g. pero h. sino i. pero j. sino
k. pero l. sino m. pero n. pero o. pero

39. Pero y sino Can you insert the correct conjunction?

a. *Yo no hablo portugués, _ _ _ _ _ _ español.*

b. *Esta persona no es María, _ _ _ _ _ _ Luisa.*

c. *Toledo está en el centro de España, _ _ _ _ _ _ Huelva no.*

d. *Los españoles no hablan portugués, _ _ _ _ _ _ entienden a los portugueses.*

e. *El invierno no es caluroso, _ _ _ _ _ _ frío.*

f. *Una computadora no es un televisor, _ _ _ _ _ _ algo más.*

g. *Las tiendas en España abren a las diez, _ _ _ _ _ _ cierran a las ocho.*

h. *La gramática no es fácil, _ _ _ _ _ _ difícil.*

i. *La historia europea es compleja, _ _ _ _ _ _ interesante.*

j. *Javier no es catalán, _ _ _ _ _ _ andaluz.*

k. *Suiza tiene los Alpes, _ _ _ _ _ _ España la Sierra Nevada.*

l. *Jorge no es un chico tonto, _ _ _ _ _ _ muy inteligente.*

m. *Los trenes españoles no son rápidos, _ _ _ _ _ _ seguros.*

n. *El Mar Mediterráneo no está limpio, _ _ _ _ _ _ es bonito.*

o. *El café no es bueno para el cuerpo, _ _ _ _ _ _ me gusta.*

40. ¡Camarero, venga! Do you know what to say in a restaurant?

a. Usted quiere llamar al camarero.
1. ⏝ Oiga, venga.
2. ⏝ ¿Cuándo viene?
3. ⏝ Señor, por favor.

b. Desea una cerveza más.
1. ⏝ Una cerveza más.
2. ⏝ Quiero una cerveza.
3. ⏝ ¿Me trae otra cerveza?

c. Después de comer, pide el postre.
1. ⏝ Tráigame el postre.
2. ⏝ De postre prefiero un flan.
3. ⏝ ¿Hay postre?

d. Tras la comida, usted quiere pagar.
1. ⏝ Oiga, ¿cuánto es?
2. ⏝ ¿Se cobra?
3. ⏝ La cuenta, cuando pueda.

e. Antes de salir, quiere lavarse las manos.
1. ⏝ ¿El servicio, por favor?
2. ⏝ Necesito un lavabo.
3. ⏝ ¿Dónde están los servicios?

f. Al salir, se despide.
1. ⏝ Adiós, hasta luego.
2. ⏝ Buenas.
3. ⏝ Hasta la vista.

Workout 41: a. la cabeza b. la boca c. los dedos d. las piernas e. los pies f. el cuello
g. las orejas h. estómago i. muelas j. los ojos k. dedos l. el pelo m. los brazos n. la nariz
o. los labios

41. ¡Complétame! Can you fill the blanks correctly?

a. Un sombrero es para _ _ _ _ _ _.

b. Con _ _ _ _ _ _ podemos hablar.

c. Para escribir el bolígrafo está entre _ _ _ _ _ _.

d. Los pantalones son para _ _ _ _ _ _.

e. Cuando jugamos al fútbol usamos _ _ _ _ _ _.

f. En _ _ _ _ _ _ llevo una bufanda.

g. Por _ _ _ _ _ _ podemos oír.

h. La comida pasa por la boca y llega al _ _ _ _ _ _.

i. Vamos al dentista si tenemos dolor de _ _ _ _ _ _.

j. Cuando dormimos cerramos _ _ _ _ _ _.

k. En los pies y las manos tenemos _ _ _ _ _ _.

l. Los españoles tienen _ _ _ _ _ _ moreno.

m. Para nadar movemos _ _ _ _ _ _.

n. Entre los ojos y la boca está _ _ _ _ _ _.

o. Las mujeres se pintan _ _ _ _ _ _.

los labios

dedos

los brazos

la cabeza

muelas

la boca

los ojos

las piernas

los dedos

el cuello

estómago

las orejas

los pies

la nariz

el pelo

42. Nacionalidades Do you know the masculine and feminine adjectives of each country?

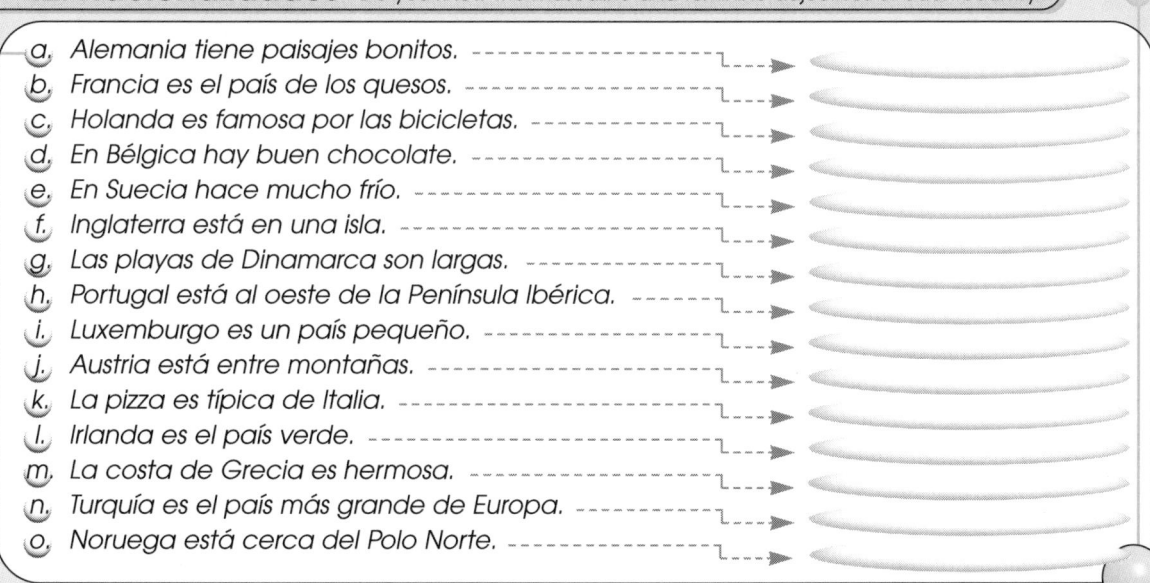

a. Alemania tiene paisajes bonitos.
b. Francia es el país de los quesos.
c. Holanda es famosa por las bicicletas.
d. En Bélgica hay buen chocolate.
e. En Suecia hace mucho frío.
f. Inglaterra está en una isla.
g. Las playas de Dinamarca son largas.
h. Portugal está al oeste de la Península Ibérica.
i. Luxemburgo es un país pequeño.
j. Austria está entre montañas.
k. La pizza es típica de Italia.
l. Irlanda es el país verde.
m. La costa de Grecia es hermosa.
n. Turquía es el país más grande de Europa.
o. Noruega está cerca del Polo Norte.

Workout 43: a. El tren sale a las diez. b. De Tucson a Nogales hay 65 millas.
c. Las Islas Canarias son siete islas. d. Sudamérica tiene más de cuatro países.
e. Galicia está al norte de España. f. Entre Alemania y Suiza está el Lago Constanza.
g. En otoño podemos comprar naranjas buenas.

Workout 42: a. alemán/alemana b. francés/francesa c. holandés/holandesa d. belga/belga
e. sueco/sueca f. inglés/inglesa g. danés/danesa h. portugués/portuguesa
i. luxemburgués/luxemburguesa j. austriaco/austriaca k. italiano/italiana l. irlandés/irlandesa
m. griego/griega n. turco/turca o. noruego/noruega

43. ¡Desorden! Can you put these words in the right order?

a. *diez las sale a tren El*

b. *Tucson 65 millas Nogales hay De a*

c. *Canarias Islas son islas siete Las*

d. *Sudamérica más de países tiene cuatro*

e. *al norte está Galicia de España*

f. *Suiza Entre Alemania y el Lago Constanza está*

g. *En otoño comprar podemos naranjas buenas*

44. De pie y sentado Can you match the opposites?

a. concreto

b. amigo

c. recuerdo

d. mayoría

e. rápido

f. largo

g. admirable

h. risa

i. enfermo

j. seco

k. falso

l. verdad

m. fin

n. fuerte

o. igual

&

○ débil

○ sincero

○ corto

○ despreciable

○ enemigo

○ llanto

○ minoría

○ abstracto

○ sano

○ olvido

○ mojado

○ lento

○ diferente

○ mentira

○ comienzo

Workout 45: a. 2 b. 2, 3 c. 2 d. 3 e. 3 f. 2

Workout 44: a. concreto & abstracto b. amigo & enemigo c. recuerdo & olvido
d. mayoría & minoría e. rápido & lento f. largo & corto g. admirable & despreciable
h. risa & llanto i. enferno & sano j. seco & mojado k. falso & sincero l. verdad & mentira
m. fin & comienzo n. fuerte & débil o. igual & diferente

45. ¡Hacer las compras! Do you know what to ask in a Spanish-speaking market?

a. *Usted quiere comprar una botella de vino.*

1. ⌣ ¿Dónde hay vino?
2. ⌣ ¿Dónde están los vinos?
3. ⌣ ¿Dónde es el vino?

b. *Usted quiere medio kilo de queso.*

1. ⌣ Deseo 500 gramos de queso.
2. ⌣ Deme medio kilo de queso.
3. ⌣ Quisiera medio kilo de queso.

c. *Usted pregunta por las ofertas.*

1. ⌣ ¿Dónde están las ofertas?
2. ⌣ ¿Tienen ustedes ofertas?
3. ⌣ ¿Quisiera las ofertas?

d. *Usted busca comida para gatos.*

1. ⌣ ¿Dónde está la sección para gatos?
2. ⌣ ¿Dónde busco comida para gatos?
3. ⌣ ¿Dónde encuentro comida para gatos?

e. *Usted desea pagar la compra.*

1. ⌣ ¿Dónde puedo pagar?
2. ⌣ ¿Dónde está la salida?
3. ⌣ ¿Dónde está la caja?

f. *En la caja, usted paga con tarjeta.*

1. ⌣ No tengo dinero.
2. ⌣ ¿Aceptan tarjeta?
3. ⌣ Tengo cheque.

46. ¡Complétame! Can you match the two halves of these sentences?

a. Los libros de Goytisolo
b. En la televisión británica
c. Para leer las noticias locales
d. Cuando escucho la radio
e. Una agencia de información
f. En Univisión y Telemundo
g. En los catálogos
h. En la redacción de un periódico
i. Los medios de comunicación modernos
j. Las revistas del corazón
k. En los diccionarios
l. Las guías de teléfonos
m. Un semanario
n. Los domingos en los periódicos hay
o. En los mapas

1. podemos ver las carreteras de un país.
2. se pone el precio de los productos.
3. vermos las telenovelas.
4. trabajan periodistas.
5. compro un periódico cada día.
6. leemos el significado de las palabras.
7. informan de la vida de los famosos.
8. contienen números de muchas personas.
9. hay muy buenos programas.
10. lo podemos comprar una vez a la semana.
11. son muy interesantes.
12. me informo de muchas cosas.
13. trabaja con computadoras.
14. utilizan también los satélites.
15. un suplemento.

Workout 47: a. despertado b. desayunado c. ido d. comprado e. tomado f. llegado
g. sentado h. leído i. almorzado j. visto/mirado k. visitado l. jugado m. bebido/tomado
n. salido o. vuelto/regresado

47. ¡Esta mañana! Can you complete the present perfect form?

a. Hoy me he _ _ _ _ _ _ _ _ _ a las siete.   (wake up)
b. A las ocho he _ _ _ _ _ _ _ _ _ en casa.   (have breakfast)
c. Después he _ _ _ _ _ _ _ _ _ a un quiosco.   (go)
d. En el quiosco he _ _ _ _ _ _ _ _ _ unas revistas.   (buy)
e. Después he _ _ _ _ _ _ _ _ _ un taxi.   (take)
f. He _ _ _ _ _ _ _ _ _ a un parque a las nueve.   (arrive)
g. Me he _ _ _ _ _ _ _ _ _ en un banco al sol.   (sit down)
h. He _ _ _ _ _ _ _ _ _ las revistas hasta el mediodía.   (read)
i. A la una he _ _ _ _ _ _ _ _ _ en un restaurante.   (have lunch)
j. Entre la una y media y las dos he _ _ _ _ _ _ _ _ _ tele.   (watch)
k. De dos a dos y media he _ _ _ _ _ _ _ _ _ un museo.   (visit)
l. Después del museo he _ _ _ _ _ _ _ _ _ al dominó.   (play)
m. A las tres he _ _ _ _ _ _ _ _ _ un café en una cafetería.   (drink)
n. A las tres y cuarto he _ _ _ _ _ _ _ _ _ de la cafetería.   (leave)
o. Y después he _ _ _ _ _ _ _ _ _ al parque.   (return)

48. Bolso de mano Can you form the correct compound nouns?

a. máquina de
b. día de
c. Semana
d. reloj de
e. cabina
f. molino de
g. cuarto de
h. lámpara de
i. gafas de
j. guardia
k. Noche
l. billete
m. papel
n. bolso
o. Día de

- de ida y vuelta
- viento
- telefónica
- baño
- fiesta
- escribir
- mesa
- arena
- de mano
- civil
- Santa
- Reyes
- higiénico
- sol
- Vieja

Workout 49: a. son románicas b. que las iglesias c. son católicos d. no es obligatoria
e. trajes negros f. muy caras g. un tema h. El problema i. inglesa j. viven k. jóvenes
l. mucho futuro m. están en las capitales n. muy agradable o. hay procesiones

Workout 48: máquina de escribir b. día de fiesta c. Semana Santa d. reloj de arena
e. cabina telefónica f. molino de viento g. cuarto de baño h. lámpara de mesa
i. gafas de sol j. guardia civil k. Noche Vieja l. billete de ida y vuelta m. papel higiénico
n. bolso de mano o. Día de Reyes

49. ¡Busque la falta! Can you find the mistake in the following sentences?

a. Las iglesias en España están románicas. --------⌐--->

b. Las catedrales son más grandes de las iglesias. --⌐--->

c. La mayoría de los españoles están católicos. ----⌐--->

d. La clase de religión es no obligatoria en las escuelas. ⌐--->

e. Los curas llevan trajes negres. ------------------⌐--->

f. Las llamadas telefónicas son muy caros. -------⌐--->

g. La sexualidad no es una tema tabú. -----------⌐--->

h. La problema de Africa es el hambre. -----------⌐--->

i. Gibraltar es una colonia inglés. --------------⌐--->

j. En Lanzarote vive muchos turistas ingleses. --------⌐--->

k. Los jóvenos no van a la iglesia. ----------⌐--->

l. La religión en Brasil tiene muy futuro. -----------⌐--->

m. Las catedrales son en las capitales. -----------⌐--->

n. La música de las campanas es mucho agradable. -⌐--->

o. En Semana Santa están procesiones en Andalucía. -⌐--->

50. De pies a cabeza Can you guess the corresponding parts of the body?

a. Los calcetines ---------------------------- └---➤
b. La bufanda ---------------------------- └---➤
c. El sombrero ---------------------------- └---➤
d. Las gafas ---------------------------- └---➤
e. Los auriculares de un walkman ---------------------------- └---➤
f. Los pantalones ---------------------------- └---➤
g. Los guantes ---------------------------- └---➤
h. El anillo ---------------------------- └---➤
i. El peine ---------------------------- └---➤
j. Jabón de afeitar ---------------------------- └---➤
k. La pulsera ---------------------------- └---➤
l. El chicle ---------------------------- └---➤
m. El cinturón ---------------------------- └---➤
n. La mochila ---------------------------- └---➤
o. El cepillo de dientes ---------------------------- └---➤

Workout 51: a. 2, 3 b. 2 c. 2 d. 3 e. 1 f. 3

Workout 50: a. los pies b. el cuello c. la cabeza d. los ojos e. las orejas f. las piernas
g. las manos h. el dedo i. el pelo j. la cara k. la muñeca l. la boca m. la cintura
n. la espalda o. los dientes

51. En el hotel Do you know what to say in the following situations?

a.   *La habitación está sucia. Usted va a recepción.*

1.   *No quiero la habitación.*
2.   *Quisiera hacer una reclamación.*
3.   *La habitación no está en condiciones.*

b.   *Usted tiene dos maletas pesadas.*

1.   *¿Puedo dejar una maleta aquí?*
2.   *¿Me puede ayudar con las maletas?*
3.   *¿Dónde hay un ayudante?*

c.   *Usted es vegetariano y come en el hotel.*

1.   *Yo no puedo comer carne.*
2.   *¿Preparan ustedes comida vegetariana?*
3.   *¿Quién es el cocinero en este hotel?*

d.   *Usted tiene que levantarse a las siete.*

1.   *¿Tiene un despertador?*
2.   *¿Me levanta a las siete?*
3.   *¿Me puede despertar a las siete?*

e.   *Usted quiere lavar sus pantalones.*

1.   *¿Tienen servicio de lavandería?*
2.   *¿Hay una lavadora en el hotel?*
3.   *¿Dónde puedo lavar mis pantalones?*

f.   *Por la noche, usted necesita un taxi.*

1.   *Un taxi, por favor.*
2.   *¿Tienen ustedes taxis?*
3.   *¿Me puede llamar un taxi?*

52. ¡Somos casi iguales! Can you match the synonyms?

a. el abrazo
b. el contrato
c. el obrero
d. el entretenimiento
e. el sitio
f. burgués
g. tonto
h. el alimento
i. la protesta
j. el trabajo
k. el dueño
l. el trasero
m. la calumnia
n. la consulta
o. el granjero

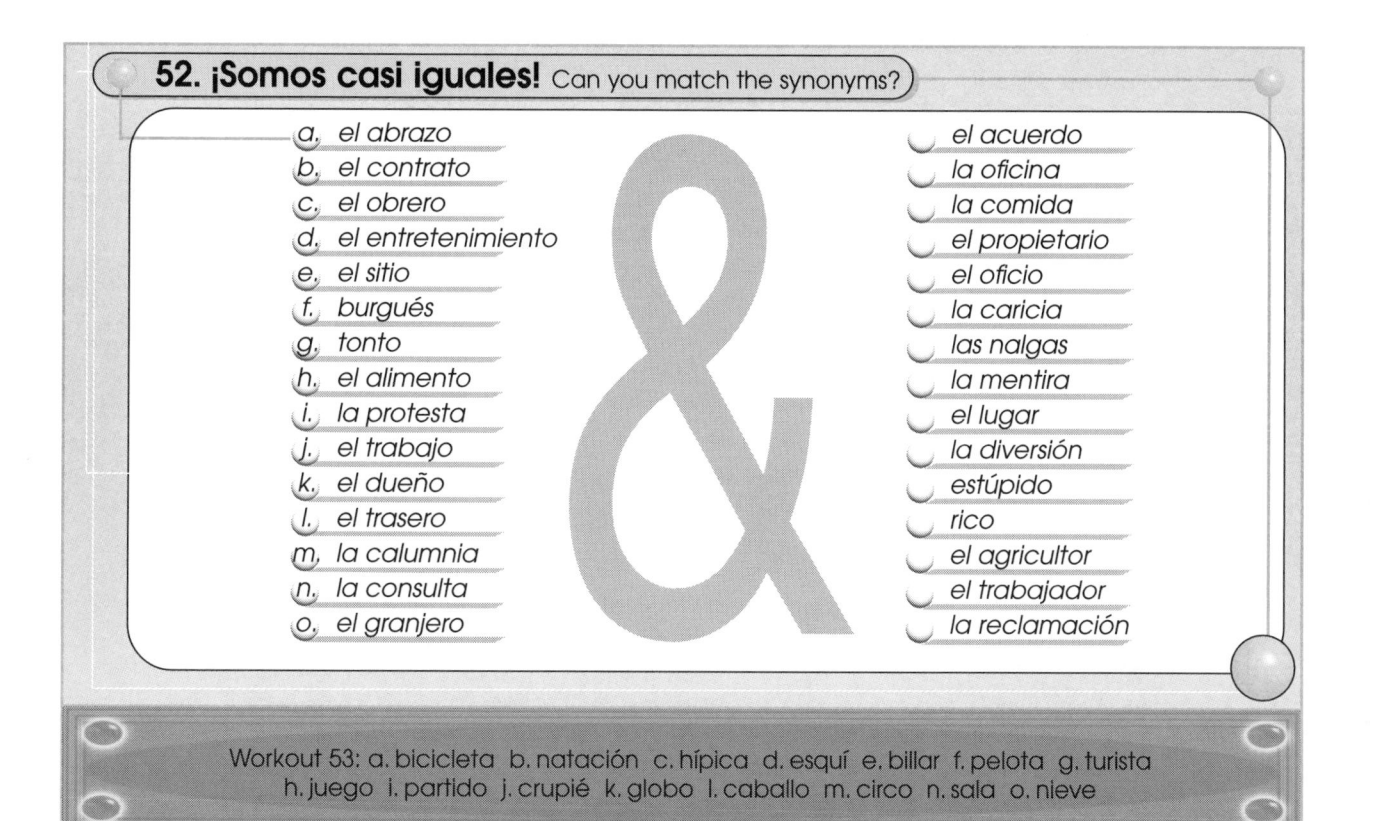

el acuerdo
la oficina
la comida
el propietario
el oficio
la caricia
las nalgas
la mentira
el lugar
la diversión
estúpido
rico
el agricultor
el trabajador
la reclamación

Workout 53: a. bicicleta b. natación c. hípica d. esquí e. billar f. pelota g. turista
h. juego i. partido j. crupié k. globo l. caballo m. circo n. sala o. nieve

Workout 52: a. el abrazo & la caricia b. el contrato & el acuerdo c. el obrero & el trabajador
d. el entretenimiento & la diversión e. el sitio & el lugar f. burgués & rico g. tonto & estúpido h. el alimento &
la comida i. la protesta & la reclamación j. el trabajo & el oficio k. el dueño & el propietario l. el trasero &
las nalgas m. la calumnia & la mentira n. la consulta & la oficina o. el granjero & el agricultor

53. ¡Búscame! Can you spot the odd-one-out?

a. barco, canoa, barca, bicicleta

b. tenis, natación, balonmano, fútbol

c. hípica, baile, gimnasia, ballet

d. esquí, hockey, baloncesto, béisbol

e. boxeo, billar, kárate, judo

f. piscina, pelota, campo, estadio

g. futbolista, tenista, turista, bailarín

h. ajedrez, dominó, parchís, juego

i. equipo, partido, jugador, público

j. ruleta, crupié, casino, caja

k. globo, avión, avioneta, helicóptero

l. coche, moto, yate, caballo

m. drama, teatro, comedia, circo

n. agua, sala, aire, tierra

o. botas, nieve, esquíes, guantes

54. Sustantivo y adjetivo Can you match the adjectives with the nouns?

a. el bosque
b. el cielo
c. la noche
d. la nieve
e. el canario
f. el tomate
g. el día
h. el elefante
i. el aire
j. el hielo
k. el domingo
l. el desierto
m. el vino
n. el caballo
o. el pan

&

- rosado
- amarillo
- azul
- gris
- oscura
- libre
- limpio
- verde
- blando
- rojo
- fuerte
- frío
- blanca
- claro
- árido

Workout 55: a. hablando b. cantando c. leyendo d. comiendo e. llegando
f. telefoneando/llamando por teléfono g. paseando h. pensando i. durmiendo, soñando
j. yendo k. bebiendo/tomando l. saliendo m. desayunando n. preguntando o. subiendo

Workout 54: a. el bosque & verde   b. el cielo & azul   c. la noche & oscura   d. la nieve & blanca
e. el canario & amarillo   f. el tomate & rojo   g. el día & claro   h. el elefante & gris
i. el aire & limpio   j. el hielo & frío   k. el domingo & libre   l. el desierto & seco
m. el vino & rosado   n. el caballo & fuerte   o. el pan & blando

55. Estoy hablando   Can you fill in the missing gerund?

a. Los niños están _ _ _ _ _ _ _ _ .   (speak)

b. Los pájaros están _ _ _ _ _ _ _ _ .   (sing)

c. El profesor está _ _ _ _ _ _ _ _ .   (read)

d. El bebé está _ _ _ _ _ _ _ _ .   (eat)

e. Los clientes están _ _ _ _ _ _ _ _ .   (arrive)

f. La directora está _ _ _ _ _ _ _ _ .   (call/telephone)

g. Los estudiantes están _ _ _ _ _ _ _ _ .   (go for a walk)

h. Vosotros estáis _ _ _ _ _ _ _ _ .   (think)

i. ¿Estás _ _ _ _ _ _ _ _ o _ _ _ _ _ _ _ _ ?   (sleep, dream)

j. Ahora estamos _ _ _ _ _ _ _ _ hacia León.   (go)

k. Los turistas están _ _ _ _ _ _ _ _ agua mineral.   (drink)

l. El tren está _ _ _ _ _ _ _ _ para Murcia.   (leave)

m. A las ocho normalmente estoy _ _ _ _ _ _ _ _ .   (have breakfast)

n. La policía siempre está _ _ _ _ _ _ _ _ .   (ask)

o. Los precios están _ _ _ _ _ _ _ _ .   (rise)

56. ¡Desorden! Can you work out the correct word order?

a. familia La está López mirando en televisión las noticias la

b. de Los hijos durmiendo no familia López la están

c. Los supermercados canadienses caros son más que los mexicanos

d. leer para al parque va María un periódico

e. extremeños viven Los personas son que en Extremadura

f. cuesta de viaje ¿Cuánto un a Cádiz ida y vuelta?

g. Cádiz solamente billetes ida Los a son de

Workout 57: a. están b. es c. son d. está e. están f. está g. es h. son i. está/ha estado
j. es k. es l. están m. es n. están o. es

57. ¡Ser y estar! Can you complete these sentences with the correct verb?

a. Los árboles de mi calle _ _ _ _ _ _ ya muy viejos.

b. Mi vecino normalmente _ _ _ _ _ _ una persona muy agradable.

c. Los perros de mi barrio _ _ _ _ _ _ muy agresivos.

d. ¿A cuánto _ _ _ _ _ _ el precio de las manzanas hoy?

e. A cien pesetas el kilo; las manzanas _ _ _ _ _ _ en oferta hoy.

f. Antonia no puede venir a clase porque _ _ _ _ _ _ enferma.

g. Este coche _ _ _ _ _ _ nuevo. Lo he comprado esta mañana.

h. Los relojes españoles no _ _ _ _ _ _ de Suiza.

i. ¿Cómo _ _ _ _ _ _ el agua esta mañana, fría o caliente?

j. El concierto del grupo de rock _ _ _ _ _ _ en la plaza de la iglesia.

k. No _ _ _ _ _ _ bueno criticar a personas sin conocerlas.

l. Los catalanes _ _ _ _ _ _ contentos con el sistema político actual.

m. La reunión de empresarios _ _ _ _ _ _ hoy en un bar.

n. Los trabajadores no _ _ _ _ _ _ satisfechos con el salario.

o. El sueldo de los empleados _ _ _ _ _ _ muy alto.

58. ¡Complétame! Can you complete these sentences?

a. _____ Luis está ahora en su oficina
1. ⌣ llamando por teléfono.
2. ⌣ escribe cartas normalmente.
3. ⌣ hace café para su jefe.

b. _____ Los turistas están en estos momentos en la playa
1. ⌣ llegando de un largo viaje.
2. ⌣ y toman el sol.
3. ⌣ y la sombrilla es de color rojo.

c. _____ Esta semana yo he
1. ⌣ hablando todos los días con mi amiga.
2. ⌣ estudio las lecciones para el examen.
3. ⌣ hablado de mi profesión con mis amigos.

d. _____ Las empresas en Galicia
1. ⌣ son satisfechas con la ganancia.
2. ⌣ paga buenos sueldos.
3. ⌣ venden pescado a toda España.

e. _____ Al mediodía el sol
1. ⌣ calentando más que por la noche.
2. ⌣ está agradable para la piel.
3. ⌣ es peligroso para la salud.

f. _____ ¿Puede decirme dónde puedo
1. ⌣ encontrar la oficina de correos?
2. ⌣ ir a la oficina de correos?
3. ⌣ ir a correos?

Workout 59: a. encima de la mesa b. dentro del archivo c. debajo de la tele d. junto a la mesa
e. al lado de la iglesia f. a la derecha del plato g. a la izquierda del plato
h. delante de la casa i. en la pared j. por la calle k. entre el cuerpo y la camisa
l. lejos de la costa. m. cerca de las ovejas n. detrás de la barra o. enfrente de los alumnos

59. Preposiciones Do you know where these objects are found?

a.	el plato	⃝ delante de la casa
b.	los documentos	⃝ por la calle
c.	el video	⃝ a la derecha del plato
d.	las sillas	⃝ encima de la mesa
e.	la plaza	⃝ lejos de la costa
f.	la servilleta	⃝ detrás de la barra
g.	el tenedor	⃝ junto a la mesa
h.	el buzón	⃝ cerca de las ovejas
i.	los cuadros	⃝ dentro del archivo
j.	la basura	⃝ entre el cuerpo y la camisa
k.	la camiseta	⃝ debajo de la tele
l.	los tiburones	⃝ a la izquierda del plato
m.	los pastores	⃝ al lado de la iglesia
n.	las bebidas en un bar	⃝ enfrente de los alumnos
o.	los profesores	⃝ en la pared

60. Parejas de ideas Can you link the entries on the left with the descriptions?

a. los españoles
b. los mexicanos
c. en el Caribe
d. en Francia y Suiza
e. por la cordillera chilena
f. los bares españoles
g. la vida en la gran ciudad
h. los horarios españoles
i. el flamenco
j. los estadounidenses
k. California
l. García Márquez
m. los sábados
n. Seattle y Portland
o. Greenpeace

1. se venden buenos quesos
2. ofrecen tapas
3. los comercios cierran tarde
4. cenan tarde
5. prisa y ruidos
6. usan muchos chiles
7. el aire más limpio
8. se puede nadar en agua casi limpia
9. literatura colombiana
10. hacer las compras
11. tiempo con lluvia y viento
12. mejorar el medio ambiente
13. no hablan otras lenguas
14. danzas populares andaluzas
15. los mejores vinos del país

Workout 61: a. aplicado & holgazán b. abundancia & escasez c. maldad & bondad
d. periferia & centro e. desprecio & consideración f. fijo & provisional g. desesperación &
esperanza h. diferente & igual i. amor & odio j. ciudadano & campesino k. campo & ciudad
l. confusión & claridad m. líquido & sólido n. cercanía & lejanía o. quedarse & marcharse

61. Orden & desorden Which are the matching opposites?

a. aplicado
b. abundancia
c. maldad
d. periferia
e. desprecio
f. fijo
g. desesperación
h. diferente
i. amor
j. ciudadano
k. campo
l. confusión
m. líquido
n. cercanía
o. quedarse

esperanza
marcharse
ciudad
igual
holgazán
odio
centro
bondad
lejanía
escasez
sólido
consideración
provisional
campesino
claridad

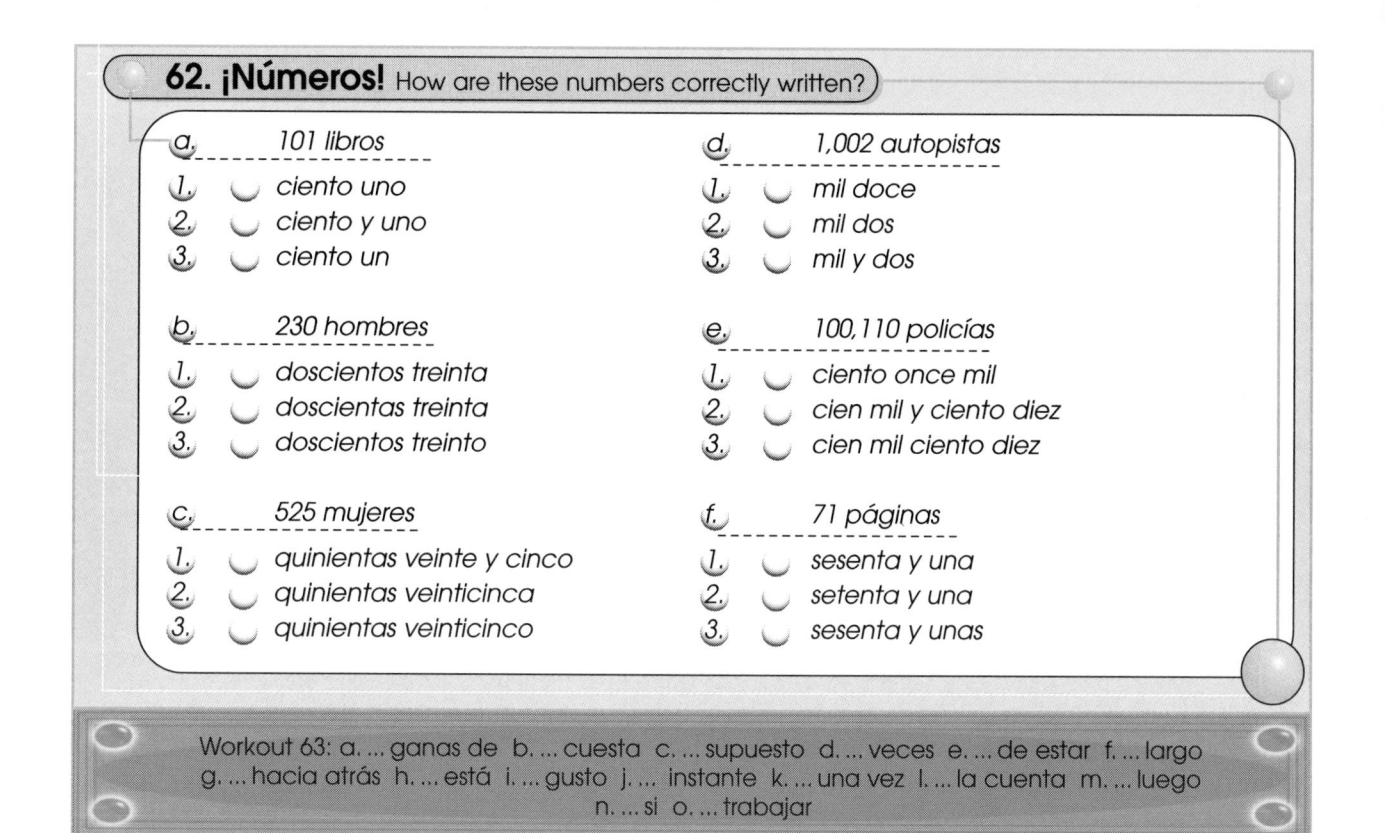

62. ¡Números! How are these numbers correctly written?

a. _101 libros_

1. ◡ ciento uno
2. ◡ ciento y uno
3. ◡ ciento un

b. _230 hombres_

1. ◡ doscientos treinta
2. ◡ doscientas treinta
3. ◡ doscientos treinto

c. _525 mujeres_

1. ◡ quinientas veinte y cinco
2. ◡ quinientas veinticinca
3. ◡ quinientas veinticinco

d. _1,002 autopistas_

1. ◡ mil doce
2. ◡ mil dos
3. ◡ mil y dos

e. _100,110 policías_

1. ◡ ciento once mil
2. ◡ cien mil y ciento diez
3. ◡ cien mil ciento diez

f. _71 páginas_

1. ◡ sesenta y una
2. ◡ setenta y una
3. ◡ sesenta y unas

Workout 63: a. ... ganas de b. ... cuesta c. ... supuesto d. ... veces e. ... de estar f. ... largo
g. ... hacia atrás h. ... está i. ... gusto j. ... instante k. ... una vez l. ... la cuenta m. ... luego
n. ... si o. ... trabajar

63. ¿Cómo se dice? How do these words combine to make common expressions?

a. tener		luego
b. cuánto		gusto
c. por		está
d. a		ganas de
e. sala		instante
f. a lo		de estar
g. mirar		cuesta
h. ya		veces
i. mucho		la cuenta
j. al		si
k. de		supuesto
l. pedir		trabajar
m. hasta		hacia atrás
n. a ver		largo
o. acabar de		una vez

64. ¡Viva el perfecto! What is the present perfect of the following verbs?

a. Esta semana he _ _ _ _ _ _ _ _ ocho cartas. — **escribir**

b. El jefe del banco ha _ _ _ _ _ _ _ _ la puerta. — **abrir**

c. El policía ha _ _ _ _ _ _ _ _ el accidente. — **describir**

d. Laura ha _ _ _ _ _ _ _ _ la mesa. — **poner**

e. Los abuelos han _ _ _ _ _ _ _ _ de Mallorca. — **volver**

f. La señora ha _ _ _ _ _ _ _ _ un vaso. — **romper**

g. Los estudiantes han _ _ _ _ _ _ _ _ los deberes. — **hacer**

h. Yo no he _ _ _ _ _ _ _ _ eso. — **decir**

i. Esta noche he _ _ _ _ _ _ _ _ una película. — **ver**

j. Este verano hemos _ _ _ _ _ _ _ _ un continente. — **descubrir**

k. Un político ha _ _ _ _ _ _ _ _ a un concierto. — **ir**

l. Este año ha _ _ _ _ _ _ _ _ mi vecino. — **morir**

m. Manuela se ha _ _ _ _ _ _ _ _ muy rápido. — **vestirse**

n. ¿Habéis _ _ _ _ _ _ _ _ las noticias? — **oír**

o. Esta semana me he _ _ _ _ _ _ _ _ tarde. — **acostarse**

Workout 65: a. que b. pero c. pero d. sino e. que f. sino g. pero h. que i. pero j. sino
k. pero l. que m. sino n. pero o. que

65. ¡Que, pero, sino! Which conjunction fills the blank?

a. Esta mujer dice que no tiene dinero, _ _ _ _ no tiene trabajo.

b. Los barcos son grandes, _ _ _ _ van despacio.

c. Los españoles no hablan catalán, _ _ _ _ entienden a los catalanes.

d. Entre Francia y España no hay un río, _ _ _ _ unas montañas.

e. A mí me gusta más la noche _ _ _ _ el día.

f. Eva no ha dicho que está cansada, _ _ _ _ que quiere dormir.

g. Andrea no está cansada, _ _ _ _ quiere dormir.

h. ¿Es México menos industrializado _ _ _ _ Colombia?

i. Tú quieres residir en el Caribe, _ _ _ _ no tienes medios económicos.

j. Los pobres no quieren lujo, _ _ _ _ lo suficiente para comer.

k. No he visto el partido de fútbol, _ _ _ _ seguramente ha sido bonito.

l. Conozco una chica _ _ _ _ entiende nueve idiomas.

m. No es María la que entiende nueve idiomas, _ _ _ _ Yolanda.

n. No sé quién es Yolanda, _ _ _ _ pienso que es una mujer inteligente.

o. Este chico dice que es francés y _ _ _ _ habla también español.

66. ¡Dichos! What are the appropriate expressions?

a. ir
b. estar
c. tomar
d. tener
e. meter
f. no decir
g. cantar
h. darse
i. ser
j. caer
k. conocer
l. tener a
m. hablar
n. pegar
o. hacerse

- mala pata
- el tonto
- a pie
- por vencido
- el fresco
- como una bomba
- de mal humor
- de vista
- los ojos
- ni pío
- sin rodeos
- la pata
- de película
- como pajarillo
- mano

Workout 67: a. helicóptero b. campo c. corrida d. cartero e. correos f. iglesia g. literatura h. cementerio i. sacarina j. artista k. Hawaii l. Venecia m. escuela n. tijeras o. naranjo

Workout 66: a. ir a pie b. estar de mal humor c. tomar el fresco d. tener mala pata
e. meter la pata f. no decir ni pío g. cantar como pajarillo h. darse por vencido i. ser de
película j. caer como una bomba k. conocer de vista l. tener a mano m. hablar sin rodeosn.
pegar los ojos o. hacerse el tonto

67. ¡Búscame! Which word is the odd-one-out?

a. batería, helicóptero, filtro, gasolina

b. carril, carretera, campo, calle

c. crédito, caja, cuenta, corrida

d. economía, finanzas, divisas, cartero

e. consulado, correos, ministerio, embajada

f. guerra, batalla, soldado, iglesia

g. actor, teatro, literatura, cine

h. enfermo, médico, consulta, cementerio

i. aspirina, penicilina, tableta, sacarina

j. fascista, artista, pacifista, comunista

k. Cuba, Puerto Rico, Haití, Hawaii

l. Valencia, Venecia, Valladolid, Bogotá

m. espejo, escritorio, alfombra, escuela

n. cable, tijeras, enchufe, luz

o. jardinero, naranjo, profesor, electricista

68. ¡Somos casi iguales! Which verbs are synonyms?

a. ser

b. enviar

c. bajar

d. excitar

e. ayudar

f. meter

g. unir

h. recordar

i. avanzar

j. poner

k. conseguir

l. anochecer

m. pasar

n. comunicar

o. tolerar

&

- acordarse
- oscurecer
- incluir
- colocar
- transmitir
- mandar
- aguantar
- existir
- alcanzar
- descender
- favorecer
- progresar
- estimular
- juntar
- ocurrir

Workout 69: a. donde b. hoy c. cuánto d. aquí e. después f. nadie g. fuera h. todavía i. toda j. tan k. tampoco l. muy m. cómo n. mala o. casi

Workout 68: a. ser & existir b. enviar & mandar c. bajar & descender d. excitar & estimular
e. ayudar & favorecer f. meter & incluir g. unir & juntar h. recordar & acordarse i. avanzar &
progresar j. poner & colocar k. conseguir & alcanzar l. anochecer & oscurecer
m. pasar & ocurrir n. comunicar & transmitir o. tolerar & aguantar

69. ¡Donde, cuando,...! Select the correct word.

a. Conozco un restaurante ___ se come bien. _donde, cuando, ayer_

b. He preparado una paella ___ . _mañana, ayer, hoy_

c. No sabemos ___ dinero tiene el abuelo. _cuánto, cuando, tanto_

d. Quiero este bolígrafo que está ___ . _allá, allí, aquí_

e. No va a cantar ahora. Va a cantar ___ . _antes, después, todavía_

f. No conozco a ___ que tenga pelo verde. _nunca, nadie, mucho_

g. Los niños están ___ de casa. _afuera, fuera, junto_

h. Es temprano. ___ tenemos tiempo. _jamás, todavía, bastante_

i. El gato se bebe ___ la leche. _nada, toda, mucho_

j. Ginebra es ___ bonita como Hamburgo. _tanto, más, tan_

k. La Paz no es un país. ___ es una isla. _también, tampoco, claro_

l. Vivir en el campo es ___ agradable. _mucho, muy, mejor_

m. El médico no sabe ___ está el paciente. _cómo, quien, cual_

n. Si no pones sal a la sopa, la sopa está ___ . _mal, mala, menos_

o. Javier tiene ___ dos millones de pesos. _más, casi, algo_

70. En la ciudad What should you say in the following situations?

a. El taxista pregunta si usted quiere un taxi.

1. ⌣ No gracias, voy por pie.
2. ⌣ No gracias, voy a pie.
3. ⌣ No gracias, voy con pies.

b. La música rock del vecino está muy alta.

1. ⌣ Basta la música.
2. ⌣ Baje la música.
3. ⌣ Bajo la música.

c. El dentista pregunta si todo está bien.

1. ⌣ No, tengo dolor de dientes.
2. ⌣ No, tengo dolor de dedos.
3. ⌣ No, tengo dolor de muelas.

d. Usted quiere comprar una corbata.

1. ⌣ Me hace falta una corbata.
2. ⌣ Me falta una corbata.
3. ⌣ ¿Me puede faltar una corbata?

e. Quiere pagar el autobús con cinco mil ptas.

1. ⌣ Lo siento, no tengo dinero.
2. ⌣ Lo siento, no tengo monedas.
3. ⌣ Lo siento, no tengo propina.

f. Usted quiere ver unos barcos.

1. ⌣ ¿Cómo puedo ir al puerto?
2. ⌣ ¿Cómo puedo ir al aeropuerto?
3. ⌣ ¿Cómo puedo ir a la puerta?

Workout 71: a. encendedor b. tijeras c. agenda d. cinturón e. bombillo f. bata g. cartera h. calefacción i. carnet j. calculadora k. impermeable l. linterna m. báscula n. cajón o. escaparate

71. ¡Complétame! Which word goes in the blank?

a. Hoy no puedo batear. No tengo _ _ _ _ _ _ _.

b. Para recortar periódicos usamos _ _ _ _ _ _ _.

c. Tengo tu número de teléfono en mi _ _ _ _ _ _ _.

d. En el coche abrochamos el _ _ _ _ _ _ _.

e. No tenemos luz. Quizás está roto el _ _ _ _ _ _ _.

f. La _ _ _ _ _ _ _ del médico es siempre blanca.

g. Me queda poco dinero en mi _ _ _ _ _ _ _.

h. Un invierno sin _ _ _ _ _ _ _ es muy duro.

i. El _ _ _ _ _ _ _ es para identificarnos.

j. Todo el mundo hace las sumas con _ _ _ _ _ _ _.

k. Este _ _ _ _ _ _ _ es bueno contra la lluvia.

l. Para ver de noche es muy práctica una _ _ _ _ _ _ _.

m. Con una _ _ _ _ _ _ _ sabemos cuánto pesamos.

n. En el _ _ _ _ _ _ _ de la mesa tengo algunas cartas.

o. La moda de invierno ya está en el _ _ _ _ _ _ _.

linterna
cinturón
impermeable
cartera
calculadora
agenda
casco
carnet
tijeras
cajón
escaparate
báscula
bombillo
bata
calefacción

72. ¡Números! Which figure is correct?

a, doscientos mil quince

1. ○ 200,150
2. ○ 215,000
3. ○ 200,015

b, quinientos millones ciento uno

1. ○ 500,100,001
2. ○ 500,000,101
3. ○ 500,001,001

c, setenta mil cincuenta

1. ○ 60,050
2. ○ 70,050
3. ○ 70,500

d, ciento un mil cuarenta y siete

1. ○ 101,470
2. ○ 101,074
3. ○ 101,047

e, setecientos trece mil uno

1. ○ 713,001
2. ○ 713,100
3. ○ 701,301

f, diez mil novecientos uno

1. ○ 19,001
2. ○ 10,091
3. ○ 10,901

Workout 73: a. Canarias b. Galicia c. País Vasco d. Andalucía e. Extremadura f. Rioja
g. Cataluña h. Castilla i. Gibraltar j. Murcia k. Santander l. Valencia m. Baleares n. Aragón
o. Asturias

73. ¡Las regiones! From which regions of Spain do these people come?

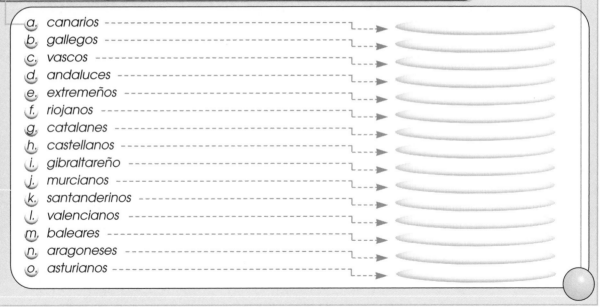

a. canarios ----------------------------------➤
b. gallegos ----------------------------------➤
c. vascos ------------------------------------➤
d. andaluces ---------------------------------➤
e. extremeños --------------------------------➤
f. riojanos -----------------------------------➤
g. catalanes ---------------------------------➤
h. castellanos --------------------------------➤
i. gibraltareño -------------------------------➤
j. murcianos ---------------------------------➤
k. santanderinos ------------------------------➤
l. valencianos --------------------------------➤
m. baleares ----------------------------------➤
n. aragoneses --------------------------------➤
o. asturianos ---------------------------------➤

74. ¡Viva el indefinido! What is the preterite of the following verbs?

a. Ayer Luisa _ _ _ _ _ _ _ hasta las seis. *(trabajar)*

b. Luisa y Ana _ _ _ _ _ _ _ después al teatro. *(ir)*

c. Esta mañana David _ _ _ _ _ _ _ a trabajar en un hotel. *(empezar)*

d. Los invitados _ _ _ _ _ _ _ dos días en mi casa. *(quedarse)*

e. ¿A vosotros os _ _ _ _ _ _ _ la comida? *(gustar)*

f. Nosotros _ _ _ _ _ _ _ muchas veces. *(viajar)*

g. Yo _ _ _ _ _ _ _ a Madrid a las diez de la noche. *(llegar)*

h. El accidente _ _ _ _ _ _ _ el lunes pasado. *(ocurrir)*

i. Mis hermanas _ _ _ _ _ _ _ ya la exposición. *(visitar)*

j. La semana pasada _ _ _ _ _ _ _ mi cartera. *(perder)*

k. Yo _ _ _ _ _ _ _ una buena propina al camarero. *(dar)*

l. La secretaria _ _ _ _ _ _ _ al director amablemente. *(recibir)*

m. Ella _ _ _ _ _ _ _ de la oficina muy tarde. *(salir)*

n. ¿Tú _ _ _ _ _ _ _ la carta ayer? *(escribir)*

o. El director también _ _ _ _ _ _ _ mi contrato. *(firmar)*

Workout 75: a. helado & refrescante b. disco & compacto c. llamada & telefónica
d. desierto & caluroso e. café & estimulante f. olimpiada & deportiva g. zapatos & cómodos
h. ventana & transparente i. cielo & nublado j. cumpleaños & feliz k. cuenta & bancaria
l. cama & plegable m. dólar & estadounidense n. brisa & marina o. gafas & doradas

75. Sustantivo y adjetivo Which adjective goes with which noun?

a. helado

b. disco

c. llamada

d. desierto

e. café

f. olimpiada

g. zapatos

h. ventana

i. cielo

j. cumpleaños

k. cuenta

l. cama

m. dólar

n. brisa

o. gafas

estimulante

caluroso

deportiva

plegable

bancaria

refrescante

marina

feliz

doradas

telefónica

compacto

estadounidense

cómodos

nublado

transparente

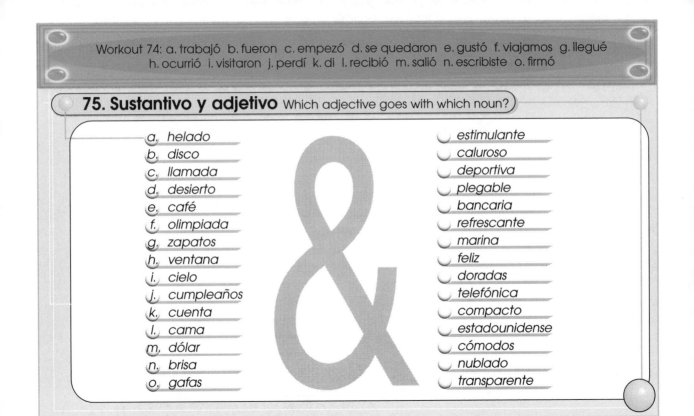

76. How do you translate the following sentences?

a. I'm thirty-five.

1. ○ Yo soy treinta y cinco años.
2. ○ Yo estoy treinta y cinco años.
3. ○ Yo tengo treinta y cinco años.

b. She would like another solution.

1. ○ Desea una otra solución.
2. ○ Desea otra solución.
3. ○ Desea alguna otra solución.

c. You must go to the doctor!

1. ○ ¡Usted debe al médico!
2. ○ ¡Usted debe ir al médico!
3. ○ Usted va al médico.

d. Do you like meat more?

1. ○ ¿Gustas tú más carne?
2. ○ ¿Te gusta más amor carne?
3. ○ ¿Prefieres carne?

e. I'll buy it for you right away.

1. ○ Yo compro lo te enseguida.
2. ○ Te lo compro enseguida.
3. ○ Lo te compro enseguida.

f. She doesn't have much luck.

1. ○ Ella tiene no mucha suerte.
2. ○ Ella no tiene muy suerte.
3. ○ Ella no tiene mucha suerte.

Workout 77: a. gafas b. un radiador c. un paraguas d. una cinta e. unas tijeras f. una porra
g. un abrigo h. un estuche i. un termómetro j. una raqueta k. un cuchillo
l. una calculadora m. una agenda n. un maletero o. un armario

77. ¡Qué cosa! Which word can replace *una cosa*?

a, Tengo una cosa para leer mejor. - - - - - - - - - - - - ⌐↳➤

b, Esto es una cosa para calentar la habitación. - - - ⌐↳➤

c, Necesito una cosa contra la lluvia. - - - - - - - - - - - ⌐↳➤

d, Aquí tengo una cosa para grabar música. - - - - - ⌐↳➤

e, He visto una cosa para recortar fotos. - - - - - - - - ⌐↳➤

f, La policía tiene una cosa para golpear. - - - - - - - ⌐↳➤

g, Me he comprado una cosa contra el frío. - - - - - - ⌐↳➤

h, Una cosa para meter las gafas es muy útil. - - - - ⌐↳➤

i, Esto es una cosa para ver la temperatura. - - - - - ⌐↳➤

j, Quiero una cosa para jugar al tenis. - - - - - - - - - - ⌐↳➤

k, Desean una cosa para poder comer. - - - - - - - - - ⌐↳➤

l, ¿Dónde hay una cosa para hacer la cuenta? - - - ⌐↳➤

m, Busco una cosa para escribir direcciones. - - - - - ⌐↳➤

n, En el coche hay una cosa para poner maletas. - ⌐↳➤

o, En casa no tengo una cosa para poner la ropa. - ⌐↳➤

una cinta
unas tijeras
una calculadora
un estuche
un termómetro
gafas
un maletero
un cuchillo
una agenda
una porra
un paraguas
un abrigo
un armario
un radiador
una raqueta

78. ¡Desorden! What is the correct word order?

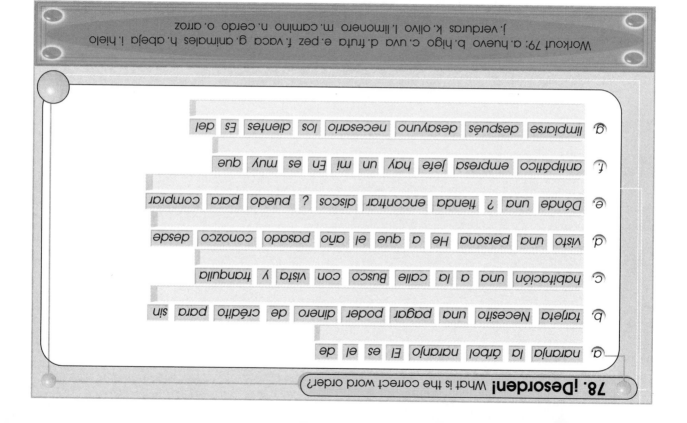

a. naranja la árbol naranjo El es el de

b. tarjeta Necesito una pagar poder dinero de crédito para sin

c. habitación una a la calle Busco con vista y tranquila

d. visto una persona He a que el año pasado conozco desde desa

e. ¿Dónde una ? tienda encontrar discos ? puedo para comprar

f. antipático empresa jefe hay un En mi muy que

g. limpiarse después desayuno necesario dientes los Es del

79. ¡Naturaleza! Which is the correct word?

a.	¿Cuál es el producto de la gallina?	pera, huevo, queso, alga
b.	¿Qué obtenemos de la higuera?	hijo, hongo, higo, harina
c.	¿Con qué se produce el vino?	ave, uva, viña, cereza
d.	¿Qué hay normalmente en un jugo?	leche, fruta, especias, aceites
e.	Un animal del mar que se come mucho.	pescador, pez, pecera, pescadería
f.	¿Qué animal produce mucha leche?	toro, caballo, burro, vaca
g.	El ganado es un conjunto de...	cereales, árboles, animales, pájaros
h.	¿De dónde obtenemos la miel?	oveja, abeja, cordero, langosta
i.	¿Cómo se llama el agua sólida en invierno?	lluvia, hielo, niebla, cubito
j.	Para una comida vegetariana necesitamos...	vientos, basuras, verduras, vajillas
k.	¿Cuál es el árbol de la aceituna?	algarrobo, olivo, olmo, almendro
l.	¿Cómo se llama el árbol del limón?	limono, lima, limonero, limonada
m.	¿Qué es un sendero?	carretera, camino, calle, avenida
n.	¿Las salchichas se hacen generalmente de...?	cerdo, pájaro, conejo, cabra
o.	¿El ingrediente principal de la paella es...?	alcachofa, arroz, aguacate, avellana

80. ¡La llamada! What should you say in the following situations?

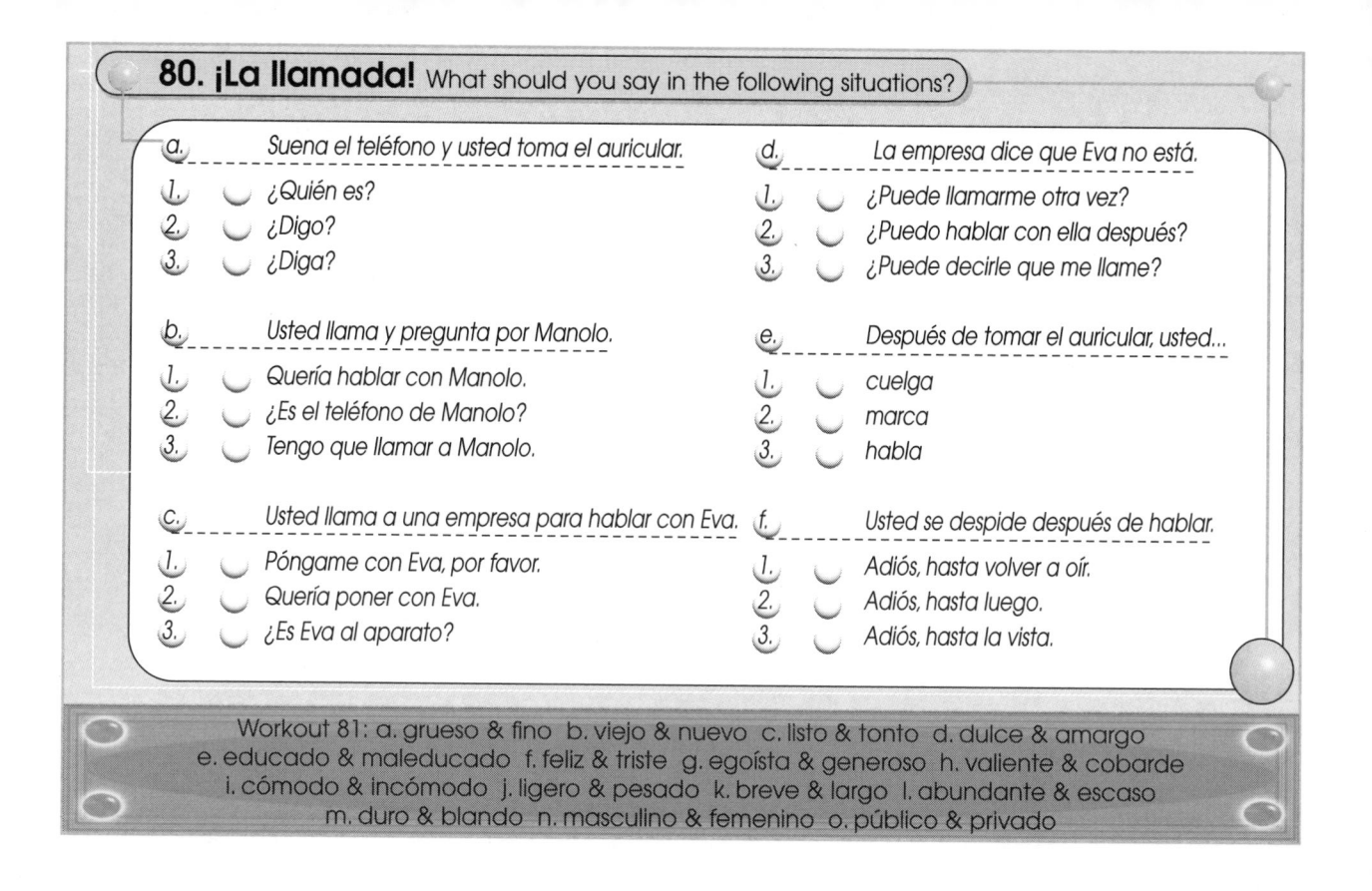

a. Suena el teléfono y usted toma el auricular.
1. ¿Quién es?
2. ¿Digo?
3. ¿Diga?

b. Usted llama y pregunta por Manolo.
1. Quería hablar con Manolo.
2. ¿Es el teléfono de Manolo?
3. Tengo que llamar a Manolo.

c. Usted llama a una empresa para hablar con Eva.
1. Póngame con Eva, por favor.
2. Quería poner con Eva.
3. ¿Es Eva al aparato?

d. La empresa dice que Eva no está.
1. ¿Puede llamarme otra vez?
2. ¿Puedo hablar con ella después?
3. ¿Puede decirle que me llame?

e. Después de tomar el auricular, usted...
1. cuelga
2. marca
3. habla

f. Usted se despide después de hablar.
1. Adiós, hasta volver a oír.
2. Adiós, hasta luego.
3. Adiós, hasta la vista.

Workout 81: a. grueso & fino b. viejo & nuevo c. listo & tonto d. dulce & amargo
e. educado & maleducado f. feliz & triste g. egoísta & generoso h. valiente & cobarde
i. cómodo & incómodo j. ligero & pesado k. breve & largo l. abundante & escaso
m. duro & blando n. masculino & femenino o. público & privado

81. Fácil & difícil Which are the matching opposites?

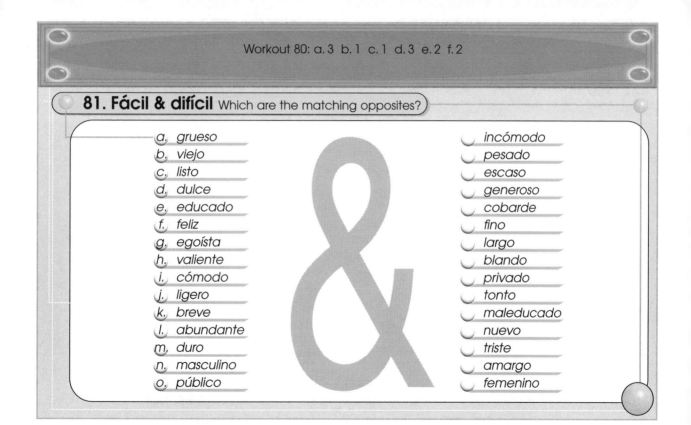

a. grueso
b. viejo
c. listo
d. dulce
e. educado
f. feliz
g. egoísta
h. valiente
i. cómodo
j. ligero
k. breve
l. abundante
m. duro
n. masculino
o. público

incómodo
pesado
escaso
generoso
cobarde
fino
largo
blando
privado
tonto
maleducado
nuevo
triste
amargo
femenino

82. Cepillo de... What are the compound nouns?

a.	cepillo de		borrar
b.	goma de		incendios
c.	tarjeta de		civil
d.	libro de		combate
e.	aceite de		emergencia
f.	estado		dientes
g.	avión de		plazos
h.	carretera		pie
i.	pagar a		embarque
j.	salida de		pulsera
k.	extintor de		consulta
l.	lámpara de		interstatal
m.	reloj de		expreso
n.	huevos de		oliva
o.	tren		granja

Workout 83: a. 1 b. 2 c. 3 d. 2 e. 1 f. 1

Workout 82: a. cepillo de dientes b. goma de borrar c. tarjeta de embarque d. libro de consulta
e. aceite de oliva f. estado civil g. avión de combate h. carretera interestatal i. pagar a plazos
j. salida de emergencia k. extintor de incendios l. lámpara de pie m. reloj de pulsera
n. huevos de granja o. tren expreso

83. Estoy enfermo What should you do to feel better?

a. _____ Tiene dolor de muelas.

1. ◡ Tomo un calmante.
2. ◡ Doy un paseo.
3. ◡ Tomo una manzanilla.

b. _____ Tiene mareos.

1. ◡ Toma una aspirina.
2. ◡ Se va un momento a la cama.
3. ◡ Consulta a un pediatra.

c. _____ Tiene dolor de estómago.

1. ◡ Prepara una buena comida.
2. ◡ Pone hielo sobre el estómago.
3. ◡ Come cosas ligeras.

d. _____ Le duele mucho la garganta.

1. ◡ Bebe líquidos fríos.
2. ◡ Bebe tés calientes.
3. ◡ Busca una crema contra el dolor.

e. _____ Está muy resfriado.

1. ◡ Se queda en casa.
2. ◡ Busca el aire limpio en el parque.
3. ◡ Bebe refrescos.

f. _____ Después de tomar el sol, la piel se pone roja.

1. ◡ Pongo crema.
2. ◡ Tomo pastillas para dormir.
3. ◡ Me pongo una camisa blanca.

84. ¡Complétame! Which word completes the sentence?

a. Para almorzar tenemos que poner - - - - - - - - - - - → **pista**

b. Cuando en Chile es verano, en Suiza es - - - - → **el piso**

c. Para los pantalones necesitamos - - - - - - - - - → **cuello**

d. A los lados de las calles hay - - - - - - - - - - - - → **sábana**

e. Una alfombra es para - - - - - - - - - - - - - - - - → **el termómetro**

f. La bufanda está alrededor del - - - - - - - - - - → **embajada**

g. Un anticonceptivo protege contra - - - - - - - → **la mesa**

h. Para sacar agua del suelo necesitamos una - → **terremoto**

i. La representación de un país en otro se llama → **invierno**

j. Para la información del tiempo sirve - - - - - - - → **el embarazo**

k. Una manta es para - - - - - - - - - - - - - - - - - - → **un cinturón**

l. En la montaña esquiamos por una - - - - - - - - → **aceras**

m. Para cocinar una sopa necesitamos una - - - → **fuente**

n. En la cama hay una manta y una - - - - - - - - → **la cama**

o. Un movimiento de tierra se llama también - - - → **olla**

Workout 85: a. aunque b. si c. si d. aunque e. como f. como g. aunque h. como i. si j. aunque k. aunque l. como m. si n. aunque o. si

Workout 84: a. ... la mesa b. ... invierno c. ... un cinturón d. ... aceras e. ... el piso f. ... cuello
g. ... el embarazo h. ... fuente i. ... embajada j. ... un termómetro k. ... la cama l. ... pista
m. ... olla n. ... sábana o. ... terremoto

85. ¡Aunque, como, si! Which is the correct conjunction?

a. _ _ _ _ _ _ estamos en verano, está lloviendo.

b. _ _ _ _ _ _ voy a España, visito la ciudad de Toledo.

c. No sé _ _ _ _ _ _ hoy es lunes o martes.

d. No puedo dormirme, _ _ _ _ _ _ estoy muy cansado.

e. Los niños trabajan en la escuela _ _ _ _ _ _ el profesor quiere.

f. _ _ _ _ _ _ veo que hoy hace sol, voy a ir al parque.

g. La gente está en la calle, _ _ _ _ _ _ en la televisión hay fútbol.

h. Hoy los niños juegan al tenis _ _ _ _ _ _ los profesionales.

i. _ _ _ _ _ _ alguien pregunta por mí, infórmale que no estoy.

j. Esta niña ya está muy grande, _ _ _ _ _ _ sólo tiene ocho años.

k. _ _ _ _ _ _ Felipe sabe inglés, no ha conseguido un buen trabajo.

l. _ _ _ _ _ _ la chica sabe escribir a máquina, ha conseguido el trabajo.

m. El policía pregunta _ _ _ _ _ _ nos estacionamos aquí mucho tiempo.

n. Susana va a ir a la sauna, _ _ _ _ _ _ no le gusta demasiado.

o. La situación económica va a mejorar _ _ _ _ _ _ el euro es estable.

86. ¡Dichos! What do these expressions mean?

a. _____ Estar muerto
1. ○ No ver
2. ○ Estar muy cansado
3. ○ Estar muy enfermo

b. _____ No pegar ojo
1. ○ No ser malo
2. ○ No poder levantarse
3. ○ No poder dormir

c. _____ Meter la pata
1. ○ Decir mentiras
2. ○ Decir algo malo
3. ○ Pisar fuerte

d. _____ Estar al corriente de algo
1. ○ Tener contacto con algo
2. ○ Tener algo
3. ○ Estar bien informado de algo

e. _____ Conocer de vista a una persona
1. ○ Conocer los ojos de una persona
2. ○ Conocer poco a una persona
3. ○ Conocer sólo la cara de alguien

f. _____ Un joven es un mocoso
1. ○ Ser inteligente
2. ○ Ser atrevido
3. ○ Ser muy gordo

Workout 87: a. dirección & mudarse b. enfermedad & curar c. piscina & nadar
d. colores & pintar e. golf & jugar f. semáforo & parar g. paraguas & llover
h. problema & solucionar i. dinero & ganar j. olla & cocinar k. pájaro & cantar
l. carta & recibir m. museo & visitar n. suciedad & limpiar o. zapatos & caminar

87. Sustantivo y verbo Which verb goes with which noun?

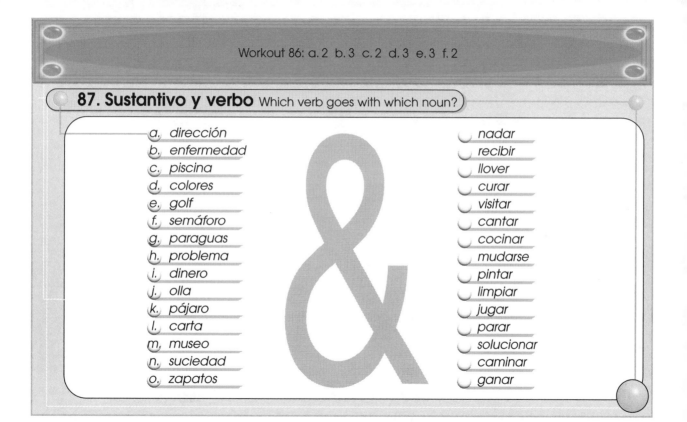

a. dirección
b. enfermedad
c. piscina
d. colores
e. golf
f. semáforo
g. paraguas
h. problema
i. dinero
j. olla
k. pájaro
l. carta
m. museo
n. suciedad
o. zapatos

nadar
recibir
llover
curar
visitar
cantar
cocinar
mudarse
pintar
limpiar
jugar
parar
solucionar
caminar
ganar

88. ¡Somos casi iguales! Which terms mean the same?

a. pariente
b. situación
c. falta
d. muerto
e. creador
f. empleo
g. sendero
h. suerte
i. mentira
j. similar
k. posible
l. fabuloso
m. necesario
n. esperanza
o. loco

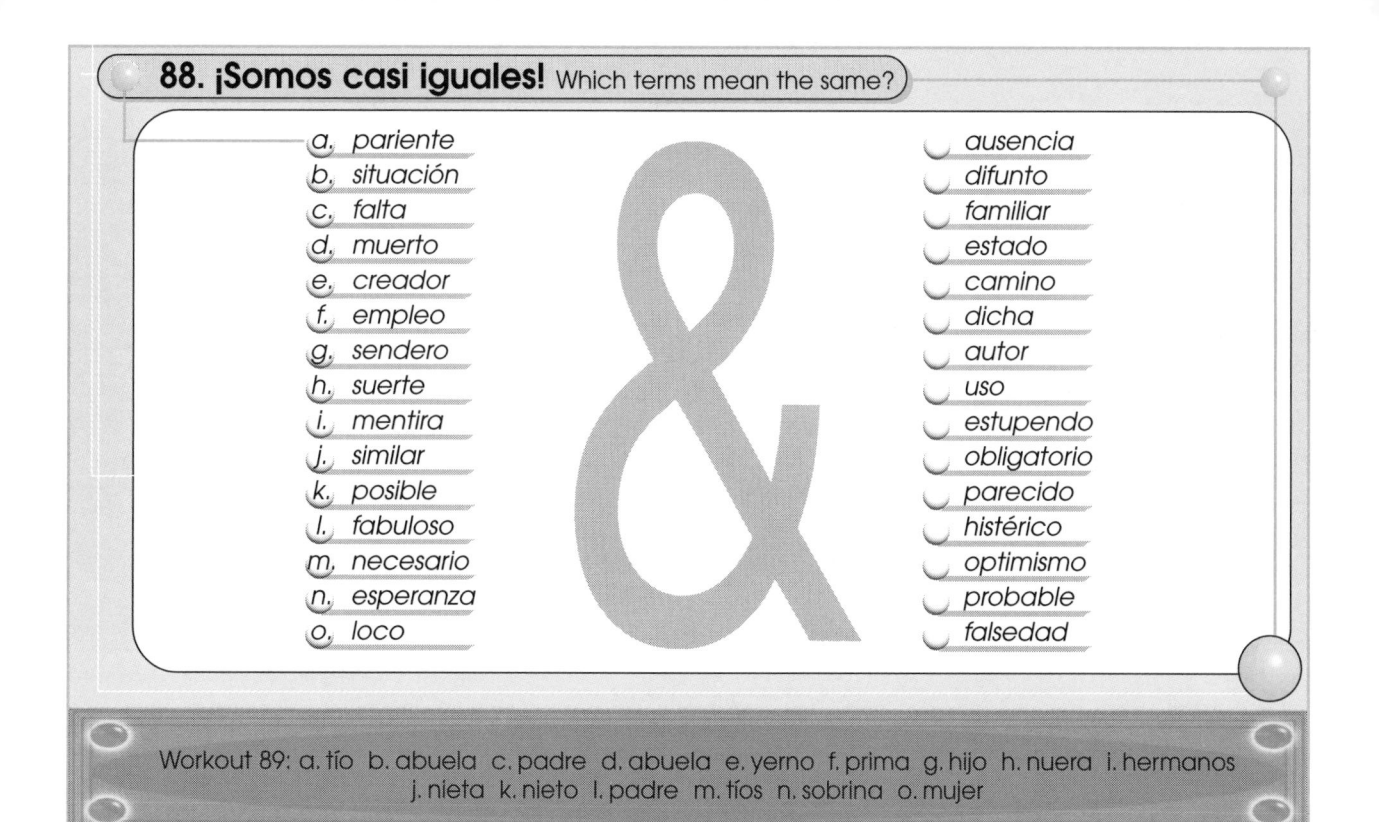

○ ausencia
○ difunto
○ familiar
○ estado
○ camino
○ dicha
○ autor
○ uso
○ estupendo
○ obligatorio
○ parecido
○ histérico
○ optimismo
○ probable
○ falsedad

Workout 89: a. tío b. abuela c. padre d. abuela e. yerno f. prima g. hijo h. nuera i. hermanos
j. nieta k. nieto l. padre m. tíos n. sobrina o. mujer

Workout 88: a. pariente & familiar b. situación & estado c. falta & ausencia
d. muerto & difunto e. creador & autor f. empleo & uso g. sendero & camino
h. suerte & dicha i. mentira & falsedad j. similar & parecido k. posible & probable l. fabuloso &
estupendo m. necesario & obligatorio n. esperanza & optimismo o. loco & histérico

89. ¡Familia! Which family member is being described?

a. El hermano de mi padre es mi _____. *tío, primo, hijo*

b. La madre de mi madre es mi _____. *abuela, tía, sobrina*

c. El marido de mi madre es mi _____. *abuelo, padre, hermano*

d. La madre de mi padre es mi _____. *tía, abuela, suegra*

e. Yo soy el _____ de mi suegra. *primo, yerno, cuñado*

f. La hija de mi tía es mi _____. *sobrina, prima, novia*

g. Mi padre es el _____ de mi abuelo. *hijo, suegro, hermano*

h. Mi _____ es la mujer de mi hijo. *prima, nieta, nuera*

i. Los hijos de mi madre son mis _____. *sobrinos, hermanos, tíos*

j. Mi hermana es la _____ de mi abuela. *nieta, cuñada, tía*

k. Yo soy el _____ del padre de mi padre. *primo, hermano, nieto*

l. El marido de mi suegra es el _____ de mi mujer. *marido, padre, abuelo*

m. Los padres de mi prima son mis _____. *padres, abuelos, tíos*

n. La hija de mi hermana es mi _____. *nieta, sobrina, hermana*

o. Mi madre es la _____ de mi padre. *novia, mujer, abuela*

90. En la oficina Which word fills the blank?

a. Con la _ _ _ _ _ _ hago un café para el jefe.

b. Los restos de papel están en la _ _ _ _ _ _.

c. Los documentos viejos están en el _ _ _ _ _ _.

d. La _ _ _ _ _ _ es en la sala de conferencias.

e. Para almorzar hacemos una _ _ _ _ _ _.

f. El dinero que recibo se llama _ _ _ _ _ _.

g. Para unir papeles utilizo la _ _ _ _ _ _.

h. La _ _ _ _ _ _ adhesiva sirve para pegar.

i. Con la _ _ _ _ _ _ puedo hacer líneas.

j. Si escribo con lápiz, a veces uso la _ _ _ _ _ _.

k. Mi computadora está encima de mi _ _ _ _ _ _.

l. Con la _ _ _ _ _ _ no olvido mis citas.

m. Cuando el jefe dicta, siempre tomo el _ _ _ _ _ _.

n. En la _ _ _ _ _ _ tenemos el dinero del departamento.

o. En el _ _ _ _ _ _ de mi mesa tengo unos sellos.

reunión
dictáfono
sueldo
cafetera
cinta
archivo
escritorio
papelera
agenda de mesa
pausa
cajón
grapadora
regla
goma de borrar
caja fuerte

Workout 91: a. peluca b. dedo c. bigote d. estómago e. consulta f. medicina g. loco
h. clínica i. cansado j. farmacia k. mujeres l. debilidad m. revisión n. sueño o. amarillo

Workout 90: a. cafetera b. papelera c. archivo d. reunión e. pausa f. sueldo g. grapadora
h. cinta i. regla j. goma de borrar k. escritorio l. agenda de mesa m. dictáfono
n. caja fuerte o. cajón

91. ¡Búscame! Which is the odd-word-out?

a. pierna, peluca, pie, pecho

b. ojo, boca, nariz, dedo

c. orejeras, sombrero, gafas, bigote

d. resfriado, gripe, estómago, tos

e. análisis, operación, consulta, diagnóstico

f. pastilla, tableta, píldora, medicina

g. ciego, loco, sordo, mudo

h. médica, enfermero, clínica, paciente

i. bueno, malo, regular, cansado

j. farmacia, ambulancia, camilla, venda

k. dieta, mujeres, deporte, vacaciones

l. salud, bienestar, debilidad, energía

m. dolor, fiebre, temperatura, revisión

n. asma, coma, migraña, sueño

o. mejor, peor, igual, amarillo

92. ¡Presente! What is the irregular present form?

a. Yo _ _ _ _ _ _ _ una chica de pelo largo. — **conocer**
b. Cuando quiero comer, _ _ _ _ _ _ _ la mesa. — **poner**
c. Si voy a Cancún, _ _ _ _ _ _ _ recuerdos. — **traer**
d. Yo no _ _ _ _ _ _ _ si el euro es estable. — **saber**
e. Hoy yo _ _ _ _ _ _ _ tomar un café en la terraza. — **querer**
f. Por las noches yo siempre _ _ _ _ _ _ _ la radio. — **oír**
g. Nunca _ _ _ _ _ _ _ en aviones; no me gusta. — **volar**
h. _ _ _ _ _ _ _ el calor al frío; el frío me pone triste. — **preferir**
i. Si bebo alcohol, no _ _ _ _ _ _ _. — **conducir**
j. Como soy profesor, _ _ _ _ _ _ _ los ejercicios. — **corregir**
k. A veces me _ _ _ _ _ _ _ con amigos. — **divertirse**
l. Pero pocas veces _ _ _ _ _ _ _ al fútbol. — **jugar**
m. Yo _ _ _ _ _ _ _ trabajando en la misma empresa. — **seguir**
n. Los tomates no _ _ _ _ _ _ _ bien. — **oler**
o. Esta persona _ _ _ _ _ _ _ todo el día. — **reír**

Workout 93: a. 3 b. 2 c. 1 d. 2 e. 2 f. 2

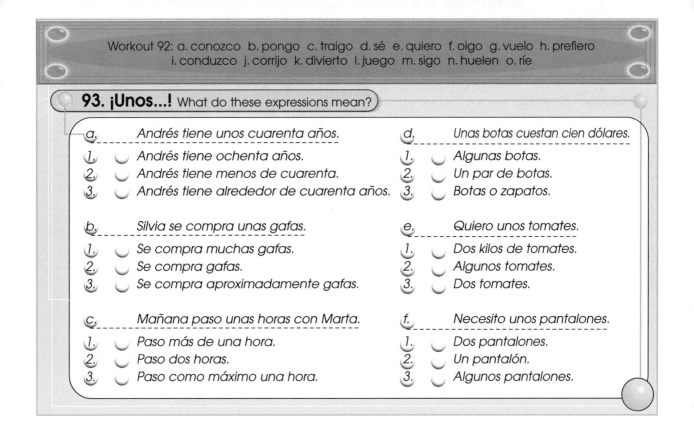

Workout 92: a. conozco b. pongo c. traigo d. sé e. quiero f. oigo g. vuelo h. prefiero
i. conduzco j. corrijo k. divierto l. juego m. sigo n. huelen o. ríe

93. ¡Unos...! What do these expressions mean?

a. _Andrés tiene unos cuarenta años._

1. Andrés tiene ochenta años.
2. Andrés tiene menos de cuarenta.
3. Andrés tiene alrededor de cuarenta años.

b. _Silvia se compra unas gafas._

1. Se compra muchas gafas.
2. Se compra gafas.
3. Se compra aproximadamente gafas.

c. _Mañana paso unas horas con Marta._

1. Paso más de una hora.
2. Paso dos horas.
3. Paso como máximo una hora.

d. _Unas botas cuestan cien dólares._

1. Algunas botas.
2. Un par de botas.
3. Botas o zapatos.

e. _Quiero unos tomates._

1. Dos kilos de tomates.
2. Algunos tomates.
3. Dos tomates.

f. _Necesito unos pantalones._

1. Dos pantalones.
2. Un pantalón.
3. Algunos pantalones.

94. ¿Quién es el jefe en...? Who's in charge here?

a. el mar
b. la empresa
c. la sabana
d. la iglesia católica
e. la universidad
f. el taxi
g. una monarquía
h. el campo de fútbol
i. el aire
j. la escuela
k. el autobús
l. la casa
m. el hospital
n. un pueblo
o. un proceso judicial

&

el león
el alcalde
el profesor
el águila
el árbitro
el tiburón
la ama de casa
el taxista
el conductor
el gerente
el cura
el rey
el juez
el maestro
el médico

Workout 95: a. true b. false c. false d. true e. false f. true g. false h. false i. false
j. false k. false l. true m. true n. true o. false

Workout 94: a: el tiburón b: el gerente c: el león d: el cura e: el profesor f: el taxista g: el rey
h: el árbitro i: el águila j: el maestro k: el conductor l: la ama de casa m: el médico n: el
alcalde o: el juez

95. ¿Verdadero o falso? Are these statements true or false?

a. Baja California es una península mexicana.

b. El canal de Panamá pertenece a los Estados Unidos.

c. En Brasil se habla español.

d. En Colombia se cultiva mucho café.

e. Un televisor es un aparato para escribir rápido.

f. Las islas Galápagos pertenecen al Ecuador.

g. Los gauchos son vaqueros peruanos.

h. Bogotá es la ciudad más pequeña de Colombia.

i. Una sábana es lo mismo que una sabana.

j. Un torero es un toro sin cabeza.

k. Andorra es un país entre Italia y Suiza.

l. La fruta del olivo se llama aceituna.

m. Un pescado es un pez muerto.

n. Una maestra es una profesora en una escuela.

o. Un taxímetro es un taxi muy grande.

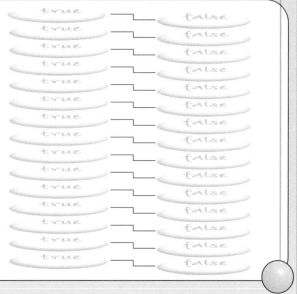

96. ¡Felicidades! What should you say in the following situations?

a. Una persona ha ganado la lotería.
1. ⌣ Lo siento.
2. ⌣ Satisfecho.
3. ⌣ Enhorabuena.

b. Es el cumpleaños de una amiga.
1. ⌣ Qué suerte.
2. ⌣ Felicidades.
3. ⌣ Qué pena.

c. Una persona pide perdón.
1. ⌣ No importa.
2. ⌣ Vale.
3. ⌣ Cuidado.

d. Su colega come un bocadillo.
1. ⌣ Persona.
2. ⌣ Que aproveche.
3. ⌣ Es igual.

e. Una persona ha perdido el trabajo.
1. ⌣ Qué lástima.
2. ⌣ No te preocupes.
3. ⌣ Qué bien.

f. Su amigo está enfermo.
1. ⌣ Que te mejores.
2. ⌣ Salud.
3. ⌣ Qué mal.

Workout 97: a. maestro b. parlamento c. secretario d. servicios e. víctima f. pensión g. turista h. cárcel i. artillería j. mezquita k. ceremonia l. banco m. venta n. gobierno o. amo

97. ¡Búscame! Which is the odd-one-out?

a. ministro, alcalde, maestro, diputado

b. canciller, embajador, cónsul, parlamento

c. partido, comisión, oposición, secretario

d. aeromozo, servicios, piloto, ingeniero

e. huésped, cliente, víctima, invitado

f. parada, peaje, pensión, autopista

g. emigrante, asilado, turista, exiliado

h. ley, cárcel, código, justicia

i. libertad, amnistía, artillería, permiso

j. ateísmo, budismo, mezquita, judaísmo

k. templo, iglesia, sinagoga, ceremonia

l. banco, ganancia, pérdida, deuda

m. rebaja, venta, oferta, liquidación

n. inquisición, ejército, policía, gobierno

o. tendero, cajero, vendedor, amo

98. Una vez al año What do you do once a year?

a. Celebro mi _ _ _ _ _ _ _ _.
b. Pago mis _ _ _ _ _ _ _ _.
c. Voy de _ _ _ _ _ _ _ _.
d. Me compro unos _ _ _ _ _ _ _ _.
e. Me resuelvo a ponerme a _ _ _ _ _ _ _ _.
f. Compro libros para el _ _ _ _ _ _ _ _ de los niños.
g. Soy la víctima del _ _ _ _ _ _ _ _.
h. En navidades exagero en la _ _ _ _ _ _ _ _.
i. Recibo los _ _ _ _ _ _ _ _ de mis ahorros.
j. Busco un _ _ _ _ _ _ _ _ para mi mujer.
k. Para los niños compro _ _ _ _ _ _ _ _ nueva.
l. Discuto el aumento del _ _ _ _ _ _ _ _.
m. Hago una _ _ _ _ _ _ _ _ para el tercer mundo.
n. Veo mis _ _ _ _ _ _ _ _ de las últimas vacaciones.
o. Participo en la _ _ _ _ _ _ _ _ de vecinos.

zapatos
colegio
bebida
reunión
alquiler
intereses
impuestos
regalo
ropa
donación
vacaciones
régimen
dentista
diapositivas
cumpleaños

Workout 99: a. preparar b. cocinar c. limpiar d. ordenar e. adquirir f. regar g. buscar h. recoger i. mejorar j. comprobar k. escribir l. sacar m. cocer n. explicar o. almorzar

Workout 98: a. cumpleaños b. impuestos c. vacaciones d. zapatos e. régimen f. colegio
g. dentista h. bebida i. intereses j. regalo k. ropa l. alquiler m. donación n. diapositivas
o. reunión

99. ¡Ama de casa! Which verb matches the following activities?

a. *hacer la comida* ➤ *poner, preparar, patear, perder*

b. *cocer un huevo* ➤ *cocinar, barrer, congelar, partir*

c. *pasar la aspiradora* ➤ *limpiar, controlar, fregar, lavar*

d. *hacer las camas* ➤ *planchar, coser, ordenar, fabricar*

e. *hacer las compras* ➤ *preparar, adquirir, volver, cortar*

f. *cuidar las plantas* ➤ *regar, pintar, comprar, deshacer*

g. *recoger a los niños* ➤ *despertar, pelear, educar, buscar*

h. *quitar la mesa* ➤ *recoger, devolver, fabricar, poner*

i. *pintar las paredes* ➤ *limpiar, mejorar, ensuciar, arreglar*

j. *hacer las cuentas* ➤ *facturar, vender, destruir, comprobar*

k. *hacer la lista de las compras* ➤ *comprar, escribir, poner, llamar*

l. *tirar la basura* ➤ *buscar, sacar, traer, pedir*

m. *cocinar* ➤ *construir, pintar, cocer, ordenar*

n. *ayudar a los niños con la escuela* ➤ *jugar, criticar, explicar, acompañar*

o. *preparar la comida del mediodía* ➤ *merendar, almorzar, cenar, beber*

a. muebles | marrón | color | son | de | Los | casa | mi | de

b. ropa | para | es | armario | Un | poner

c. ponen | estanterías | Los | se | las | libros | en

d. nevera | enfriar | Una | es | un | para | aparato

e. móvil | un | es | teléfono | Un | cable | sin

f. almanaque | del | meses | En | año | vemos | un | los

g. pared | electricidad | enchufes | la | de | los | de | La | viene

Workout 101: a. marrones b. Canadá es ... c. está entre d. cara e. Es la una f. En un ...
g. oscuros h. he escrito i. se hablan j. están sucios k. para España l. de metal m. vaso
n. Doscientos o. una gran ciudad

Workout 100: a. Los muebles de mi casa son de color marrón. b. Un armario es para poner ropa.
c. Los libros se ponen en las estanterías. d. Una nevera es un aparato para enfriar.
e. Un móvil es un teléfono sin cable. f. En un almanaque vemos los meses del año.
g. La electricidad viene de los enchufes de la pared.

101. ¡Busca la falta! Where is the mistake?

a. Las chaquetas marrón son bonitas.
b. Canadá está un país multicultural.
c. El Océano Atlántico está en América y Europa.
d. Una llamada telefónica es caro.
e. ¿Qué hora es? Son la una.
f. En uno diccionario está el significado de las palabras.
g. En invierno los días son oscuras.
h. Esta mañana he escribido una carta.
i. En Perú se habla dos lenguas.
j. Los parques de la ciudad son sucios.
k. Una postal por España cuesta sesenta centavos.
l. Los coches son en metal.
m. Normalmente bebemos con un baso.
n. Doscientas pesos son veinte dólares.
o. París es una grande ciudad.

102. ¡Cantidades y medidas! Which word is the odd-one-out?

a. cinco, quince, veinticinco, quinientos

b. veinte, doscientos, dos mil, diez mil

c. treinta, trece, veintitrés, ciento tres

d. ciento uno, doscientos dos, mil uno, once

e. cuarenta, veinte, setenta, noventa

f. uno, veintiuno, treinta y uno, cuarenta y uno

g. dos, doce, ciento dos, ciento veinte

h. un mil, cien millones, diez, dos millones

i. medio, cuarto, docena, tres cuartos

j. litro, kilo, gramo, centímetro

k. metro, kilómetro, decímetro, taxímetro

l. gramo, miligramo, tonelada, hectárea

m. vatio, voltio, área, amperio

n. millón, billón, galón, trillón

o. primero, quinto, décimo, quince

Workout 103: a. el capital & the capital sum b. la capital & the capital city c. el frente & the front
d. la frente & the forehead e. el cólera & the cholera f. la cólera & the anger g. el parte & the report
h. la parte & the part i. el pendiente & the earring j. la pendiente & the slope k. el cometa & the
comet l. la cometa & the kite m. el orden & the arrangement n. la orden & the command

Workout 102: a. quinientos b. diez mil c. treinta d. doscientos dos e. veinte f. uno
g. ciento veinte h. dos millones i. docena j. centímetro k. taxímetro l. hectárea m. área
n. galón o. quince

103. El capital, la capital Match the correct meanings!

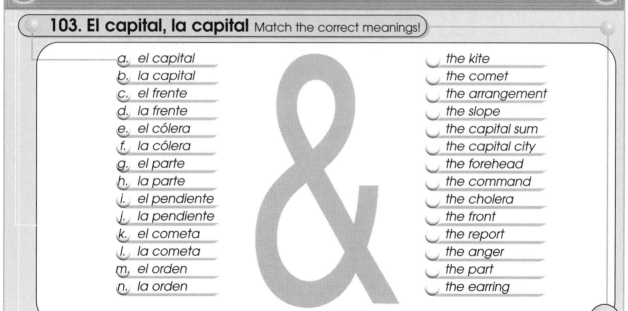

a. el capital

b. la capital

c. el frente

d. la frente

e. el cólera

f. la cólera

g. el parte

h. la parte

i. el pendiente

j. la pendiente

k. el cometa

l. la cometa

m. el orden

n. la orden

the kite

the comet

the arrangement

the slope

the capital sum

the capital city

the forehead

the command

the cholera

the front

the report

the anger

the part

the earring

104. ¡Complétame! Complete the following sentences!

a. Los comercios están abiertos

b. En primavera hace

c. Si estudian mucho

d. Para hacer una tortilla

e. Una piedra está

f. En un buzón

g. Franquear una carta significa

h. Los mejores relojes

i. Los trenes de alta velocidad

j. Para combatir las enfermedades

k. Las mariposas están

l. Con un telescopio

m. Los suéteres de lana

n. Las llantas de los coches

o. Un pueblo es más

◡ se llevan en invierno.

◡ en el camino.

◡ en los campos.

◡ se fabrican en Suiza.

◡ buen tiempo.

◡ hay que investigar.

◡ van a aprobar el examen.

◡ hasta las nueve.

◡ pequeño que una ciudad.

◡ se puede ver de lejos.

◡ necesitamos harina de maíz.

◡ pegar un sello en ella.

◡ podemos meter cartas.

◡ contienen aire.

◡ no son los más seguros.

Workout 105: a. 2 b. 3 c. 2 d. 3 e. 1 f. 3

Workout 104: a. Los comercios están abiertos hasta las nueve. b. En primavera hace buen tiempo. c. Si estudian mucho van a aprobar el examen. d. Para hacer una tortilla necesitamos harina de maíz. e. Una piedra está en el camino. f. En un buzón podemos meter cartas. g. Franquear una carta significa pegar un sello en ella. h. Los mejores relojes se fabrican en Suiza. i. Los trenes de alta velocidad no son los más seguros. j. Para combatir las enfermedades hay que investigar. k. Las mariposas están en los campos. l. Con un telescopio se puede ver de lejos. m. Los suéteres de lana se llevan en invierno. n. Las llantas de los coches contienen aire. o. Un pueblo es más pequeño que una ciudad.

105. ¡En la autopista! Check your reactions on the expressway!

a. Sobre la autopista hay una capa de hielo.
1. Acelera para llegar más rápido.
2. Frena y va más despacio.
3. Apaga las luces.

b. Oye la sirena de la policía.
1. Va más rápido.
2. Llama a la policía.
3. Va hacia la derecha.

c. La luz del coche está rota.
1. No importa.
2. Va a una gasolinera.
3. Conduce despacio.

d. Otro conductor hace señas indecentes.
1. Grita al otro conductor.
2. Llama a la policía.
3. Ignora al conductor y va con cuidado.

e. Suena su teléfono móvil.
1. Para y habla.
2. Habla y frena.
3. Habla y pone la radio.

f. Nota que está cansada.
1. Pone la música.
2. Toma mucho café.
3. Descansa un poco.

106. ¡Dichos! Select the correct meaning!

a.   *Una persona está roja como un tomate.*

1. ⚪ Está quemada.
2. ⚪ Tiene vergüenza.
3. ⚪ Está comiendo mucho.

b.   *Una persona no da golpe.*

1. ⚪ No es peligrosa.
2. ⚪ No da cosas.
3. ⚪ No trabaja mucho.

c.   *Una cosa no es del otro jueves.*

1. ⚪ Es una cosa de ayer.
2. ⚪ Es una cosa conocida.
3. ⚪ Es una cosa nueva.

d.   *Un pastel sabe a gloria.*

1. ⚪ Está fabricado por Gloria.
2. ⚪ Sabe exquisito.
3. ⚪ Es algo religioso.

e.   *Una persona vive de gorra.*

1. ⚪ Vive dentro de una gorra grande.
2. ⚪ Tiene mucho dinero.
3. ⚪ Vive con la ayuda de otras personas.

f.   *Una persona no da la cara.*

1. ⚪ Tiene miedo.
2. ⚪ No quiere fotos suyas.
3. ⚪ No quiere comprar cosas caras.

Workout 107: a. almuerzan b. duerme c. sueña d. mueve e. mientes f. pierde g. prueba
h. produzco i. dirijo j. despiertan k. repite l. persigue m. ve n. llueve o. frío

107. ¡Presente! Fill in the correct present-tense form of these verbs!

a. Los niños _ _ _ _ _ _ _ en el comedor.

b. Por la tarde Ana _ _ _ _ _ _ _ una siesta.

c. Petra _ _ _ _ _ _ _ con los bosques de Brasil.

d. El dinero _ _ _ _ _ _ _ el mundo.

e. Si tú _ _ _ _ _ _ _, no te quiero.

f. Mi hijo siempre _ _ _ _ _ _ _ algo por el camino.

g. El cocinero _ _ _ _ _ _ _ la sopa.

h. En mi casa yo _ _ _ _ _ _ _ poca basura.

i. Mañana yo _ _ _ _ _ _ _ el concierto.

j. Las chicas se _ _ _ _ _ _ _ antes que los chicos.

k. La profesora _ _ _ _ _ _ _ la pregunta.

l. La policía _ _ _ _ _ _ _ al gángster del banco.

m. Mi padre _ _ _ _ _ _ _ las noticias en la tele.

n. En otoño _ _ _ _ _ _ _ más que en verano.

o. Cuando tengo hambre _ _ _ _ _ _ _ pescado.

almorzar

dormir

soñar

mover

mentir

perder

probar

producir

dirigir

despertarse

repetir

perseguir

ver

llover

freír

108. ¡Somos casi iguales! Match the synonyms!

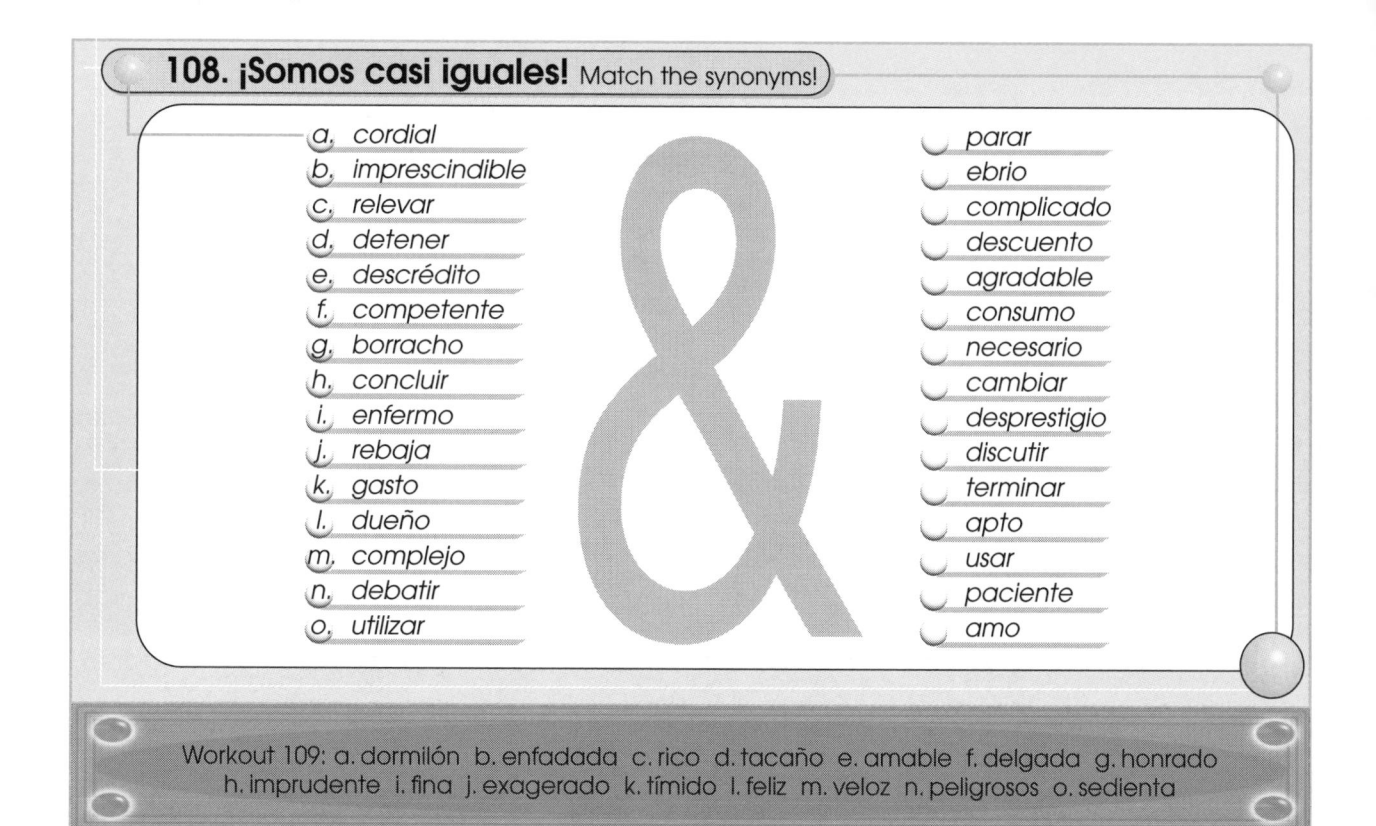

a. cordial
b. imprescindible
c. relevar
d. detener
e. descrédito
f. competente
g. borracho
h. concluir
i. enfermo
j. rebaja
k. gasto
l. dueño
m. complejo
n. debatir
o. utilizar

&

○ parar
○ ebrio
○ complicado
○ descuento
○ agradable
○ consumo
○ necesario
○ cambiar
○ desprestigio
○ discutir
○ terminar
○ apto
○ usar
○ paciente
○ amo

Workout 109: a. dormilón b. enfadada c. rico d. tacaño e. amable f. delgada g. honrado
h. imprudente i. fina j. exagerado k. tímido l. feliz m. veloz n. peligrosos o. sedienta

Workout 108: a. cordial & agradable b. imprescindible & necesario c. relevar & cambiar
d. detener & parar e. descrédito & desprestigio f. competente & apto g. borracho & ebrio
h. concluir & terminar i. enfermo & paciente j. rebaja & descuento k. gasto & consumo
l. dueño & amo m. complejo & complicado n. debatir & discutir o. utilizar & usar

109. ¿Quién es quién? Find the adjective that matches these descriptions!

a. Justino se levanta siempre a las once. ———→ *perezoso, dormilón, bruto, soso*

b. Hoy Manuela está de mal humor. ———→ *lista, enfadada, cordial, cansada*

c. El banquero tiene millones. ———→ *inteligente, rico, pobre, vago*

d. Este hombre no regala nunca nada. ———→ *agradable, tacaño, limpio, serio*

e. Mi hermano siempre ayuda a mi madre. ———→ *listo, amable, anticuado, perfecto*

f. La vendedora pesa una cien libras. ———→ *gorda, delgada, alta, baja*

g. Arturo nunca roba en el trabajo. ———→ *hipócrita, honrado, hábil, humilde*

h. Ese chico conduce muy rápido y mal. ———→ *deportista, imprudente, raro, apto*

i. La profesora lleva siempre ropa de gala. ———→ *famosa, fina, fiel, fatal*

j. Silvio se come dos kilos de peras al día. ———→ *fuerte, exagerado, nervioso, gracioso*

k. Julio se pone rojo cuando el profesor le pregunta. ———→ *cortés, atractivo, tímido, tranquilo*

l. Juana está siempre contenta. ———→ *triste, feliz, valiente, cursi*

m. Este atleta es más rápido que una bicicleta. ———→ *lento, largo, veloz, pesado*

n. Nuestros vecinos tienen un revólver americano. ———→ *justos, peligrosos, sinceros, sociales*

o. Hoy Olivia no ha bebido mucho. ———→ *hambrienta, cansada, sedienta, seca*

110. ¿Qué son? Select the correct meaning!

a. _Una anciana_
1. ◡ Una persona antigua
2. ◡ Una persona con ansiedad
3. ◡ Una persona mayor

b. _Un cura_
1. ◡ Empleado de hospital
2. ◡ Empleado de iglesia
3. ◡ Empleado de balneario

c. _Un cochecama_
1. ◡ Un coche con cama dentro
2. ◡ Una cama con ruedas
3. ◡ Un coche con forma de cama

d. _Un manzano_
1. ◡ Una manzana masculina
2. ◡ Un hombre que vende manzanas
3. ◡ El árbol de la manzana

e. _Un salario_
1. ◡ Dinero de los obreros
2. ◡ Un saco de sal
3. ◡ Una fábrica de sal

f. _Una raqueta_
1. ◡ Un instrumento de guerra
2. ◡ Un vaso de licor turco
3. ◡ Un objeto para jugar al tenis

Workout 111: a. inferior & superior b. mayor & menor c. despacio & de prisa d. adelante & atrás
e. anterior & posterior f. inlcuso & excepto g. hábil & torpe h. antiguo & moderno
i. aceptar & rechazar j. peor & mejor k. desnudarse & vestirse l. continuar & parar
m. acercarse & alejarse n. disminuir & aumentar o. sumar & restar

111. Rico & pobre Connect the matching opposites!

a. inferior

b. mayor

c. despacio

d. adelante

e. anterior

f. incluso

g. hábil

h. antiguo

i. aceptar

j. peor

k. desnudarse

l. continuar

m. acercarse

n. disminuir

o. sumar

mejor

posterior

vestirse

excepto

rechazar

superior

parar

aumentar

de prisa

moderno

menor

torpe

alejarse

atrás

restar

112. ¿De qué es? Indicate what these things are made of!

a. una camisa
b. un lápiz
c. la mermelada
d. un cuaderno
e. unas tijeras
f. una cartera
g. un estuche de CD
h. un traje de submarinista
i. una chuleta
j. el contenido de una almohada
k. una iglesia románica
l. el queso
m. el pan
n. un vaso
o. un iglú

madera
papel
leche
cuero
goma
tela
carne
plumas
plástico
hielo
cristal
fruta
metal
piedra
harina

Workout 113: a. en una plaza b. en una iglesia c. en un juzgado d. en el parlamento
e. en un taller f. en un cuartel g. en la bolsa h. en una central eléctrica i. en un bufete
j. en una óptica k. en un cementerio l. en una imprenta m. en un campo deportivo
n. en el ayuntamiento o. en una comisaría

113. ¿Dónde es? Find where these events take place!

a. una fiesta del pueblo

b. una boda

c. un proceso judicial

d. una discusión parlamentaria

e. una reparación de coche

f. el servicio militar

g. la venta de acciones de empresas

h. la producción de electricidad

i. la redacción de un contrato

j. la reparación de unas gafas

k. un entierro (cuando una persona se muere)

l. la preparación de un libro para vender

m. una competición de atletismo

n. la coordinación de los servicios en una ciudad

o. el interrogatorio policial a una persona que ha robado

en un taller

en el ayuntamiento

en un campo deportivo

en la bolsa

en una plaza

en una óptica

en un bufete

en una imprenta

en un cementerio

en una iglesia

en un cuartel

en una central eléctrica

en un juzgado

en una comisaría

en el parlamento

114. ¿Mientras, durante? Choose the correct word!

a. _ _ _ _ _ _ _ esta semana he estudiado mucho español.

b. _ _ _ _ _ _ _ yo hago las compras, tú vas a jugar con los niños.

c. En la Sierra Nevada llueve también _ _ _ _ _ _ _ el verano.

d. Esta mujer ha limpiado oficinas _ _ _ _ _ _ _ toda su vida.

e. _ _ _ _ _ _ _ el alcalde de la ciudad trabaja, los ciudadanos duermen.

f. _ _ _ _ _ _ _ un proceso judicial, los abogados hablan mucho.

g. No es bueno salir a la calle _ _ _ _ _ _ _ la noche.

h. _ _ _ _ _ _ _ es de noche, normalmente estoy en casa.

i. Pero _ _ _ _ _ _ _ el día casi nunca me quedo dentro de casa.

j. Tenemos que concentrarnos _ _ _ _ _ _ _ la realización del ejercicio.

k. Tenemos que concentrarnos _ _ _ _ _ _ _ realizamos el ejercicio.

l. Los animales también sueñan _ _ _ _ _ _ _ duermen.

m. _ _ _ _ _ _ _ la comida de gala un invitado ha estado borracho.

n. No sé qué hacer _ _ _ _ _ _ _ mis próximas vacaciones.

o. A veces veo televisión _ _ _ _ _ _ _ hablo por teléfono.

Workout 115: 1. e 2. j 3. g 4. b 5. h 6. l 7. n 8. d 9. i 10. m 11. a 12. f 13. c 14. k 15. o

115. ¡La tortilla española! Rearrange these instructions for making a Spanish omelet!

a. Ponemos la mezcla en la sartén.

b. Tomamos unos huevos.

c. Sacamos la tortilla de la sartén.

d. Sacamos las papas y la cebolla de la sartén.

e. Compramos los ingredientes.

f. Esperamos hasta que la tortilla está hecha.

g. Ponemos las papas y la cebolla a freír.

h. Batimos los huevos.

i. Dejamos enfriar las papas y la cebolla.

j. Pelamos las papas y la cebolla.

k. Ponemos la tortilla en un plato.

l. Añadimos sal a los huevos.

m. Mezclamos las papas y la cebolla con los huevos.

n. También podemos añadir un poco de pimienta con la sal.

o. Nos comemos la tortilla.

1.
2.
3.
4.
5.
6.
7.
8.
9.
10.
11.
12.
13.
14.
15.

116. ¿Caer, caerse? Complete these sentences with the correct verb!

a. En invierno nosotros _ _ _ _ _ _ _ nueve horas al día.

b. Los niños a veces _ _ _ _ _ _ _ al suelo.

c. Cuando veo la tele _ _ _ _ _ _ _ muy rápido.

d. Siempre _ _ _ _ _ _ _ a las seis con un despertador.

e. Todos los días _ _ _ _ _ _ _ a mis hijos a las siete.

f. Las manzanas _ _ _ _ _ _ _ de los árboles.

g. Si no llegas pronto, _ _ _ _ _ _ _ al bar.

h. Creo que alguien _ _ _ _ _ _ _ por teléfono.

i. ¿Quién de vosotros _ _ _ _ _ _ _ Andreas?

j. El policía _ _ _ _ _ _ _ los coches si hay peligro.

k. Si camino rápido, nunca _ _ _ _ _ _ _ para ver escaparates.

l. Si buscas algo, siempre _ _ _ _ _ _ _ algo.

m. En la nevera no _ _ _ _ _ _ _ nada de leche.

n. Cuando hace mal tiempo, _ _ _ _ _ _ _ en casa y leo.

o. ¿María, _ _ _ _ _ _ _ tú y yo en la plaza a las diez?

caer
caerse
despertar
despertarse
dormir
dormirse
encontrar
encontrarse
irse
llamar
llamarse
parar
pararse
quedar
quedarse

Workout 117: a. hablaba b. iba c. aprendían d. acostábamos e. vestíamos f. tenían g. vivía h. eran i. había j. costaba k. salían l. jugaban m. abrían n. traía o. existían

Workout 116: a. dormimos b. se caen c. me duermo d. me despierto e. despierto f. caen
g. me voy h. llama i. se llama j. para k. me paro l. encuentras m. queda n. me quedo
o. nos encontramos

117. ¡Antes...! Use the correct form of the imperfect!

a. Antes no se _ _ _ _ _ _ _ inglés en todo el mundo.

b. La gente nunca _ _ _ _ _ _ _ de vacaciones al Caribe.

c. Los estudiantes no _ _ _ _ _ _ _ ciencias técnicas.

d. Por las noches nos _ _ _ _ _ _ _ temprano.

e. Los días de fiesta nosotros _ _ _ _ _ _ _ elegantemente.

f. Las mujeres no _ _ _ _ _ _ _ tantos derechos.

g. Un perro no _ _ _ _ _ _ _ dentro de la casa.

h. Las universidades no _ _ _ _ _ _ _ tan grandes.

i. En Alemania no _ _ _ _ _ _ _ autopistas.

j. La comida no _ _ _ _ _ _ _ tanto dinero.

k. Las personas _ _ _ _ _ _ _ más a la calle.

l. Los niños _ _ _ _ _ _ _ más al fútbol.

m. Las tiendas _ _ _ _ _ _ _ diez horas al día.

n. Un trabajador no _ _ _ _ _ _ _ mucho dinero a casa.

o. Los aviones no _ _ _ _ _ _ _.

iba
acostábamos
tenían
vivía
hablaba
abrían
aprendían
costaba
vestíamos
salían
había
eran
existían
jugaban
traía

118. En el cine Select the correct expression for the movies!

a. Quiere saber el título de la película de hoy.

1. ◯ ¿Qué película ponen hoy?
2. ◯ ¿Qué película es hoy?
3. ◯ ¿Qué film muestra hoy?

b. Quiere saber si la película es muy larga.

1. ◯ ¿Cuánto larga es la película?
2. ◯ ¿Cuánto tiempo es la película?
3. ◯ ¿Cuánto dura la película?

c. La persona a su derecha habla muy alto.

1. ◯ No hable.
2. ◯ No podemos oír la película.
3. ◯ ¿Qué dice?

d. Delante hay una persona muy grande.

1. ◯ ¡No puedo ver!
2. ◯ ¿Puede bajar la cabeza?
3. ◯ ¿Puede bajarse un poco?

e. Quiere irse antes del fin de la película.

1. ◯ ¿Dónde es la salida?
2. ◯ ¿Dónde está la salida?
3. ◯ ¿Dónde hay salida?

f. Alguien pregunta por el tema de la película.

1. ◯ Trata de policías y ladrones.
2. ◯ Está de policías y ladrones.
3. ◯ Son policías y ladrones.

Workout 119: a. comprado b. salgo c. visto d. pide e. pueden f. oye g. coge h. vuelves
i. piensas j. dicen k. despiertan l. prefiero m. hecho n. pierdes o. cuelgo

119. ¡Irregulares! Select the correct verb form!

a. Esta mañana mis padres han _____ un perro. — compran, comprado, compraban

b. Los domingos _____ con amigos. — salgo, salio, salo

c. En Granada he _____ la Alhambra. — vio, vido, visto

d. Un hombre _____ dinero en la calle. — pede, pide, pedi

e. Los caballos _____ correr muy rápido. — poden, puden, pueden

f. Mi vecino _____ la música muy alta. — oie, oi, oye

g. Contra la lluvia se _____ el paraguas. — coge, coje, cogue

h. ¿A qué hora _____ hoy del trabajo? — vuelves, volves, vulves

i. ¿Qué _____ tú de la reforma de asilo político? — piensas, pensas, pienses

j. Las mujeres siempre _____ la verdad. — decen, diecen, dicen

k. Los políticos se _____ a las seis de la mañana. — despiertan, despertan, despirtan

l. No me gusta la montaña; _____ el mar. — prefiero, prefero, prifiero

m. ¿Has _____ ya el trabajo para mañana? — hacido, hecho, hechido

n. Si _____ las llaves, no puedes entrar en la casa. — perdes, pierdes, perdis

o. Después de telefonear, _____ el auricular. — colgo, colgue, cuelgo

120. ¡Búscame! Find the odd-word-out!

a. almohada, manta, sábana, pared

b. telefax, radio, copiadora, impresora

c. bicicleta, motocicleta, chuleta, submarino

d. cortina, sillón, espejo, pasillo

e. acera, esquina, rincón, lado

f. sótano, fuente, techo, terraza

g. cuchillo, navaja, cuchara, hacha

h. sartén, escalera, batidora, sacacorchos

i. tarta, pastel, dulce, tostada

j. peine, máquina, instrumento, aparato

k. piloto, chófer, conductor, constructor

l. camión, tractor, traductor, tranvía

m. canoa, barco, barca, burro

n. flauta, violín, guitarra, laúd

o. geranio, orquídea, margarita, flor

Workout 121: a. preparada b. inteligente c. no muerta d. despierta, no tonta e. sorprendida
f. con piel blanca g. enferma, por ejemplo con fiebre h. tiene malas ideas i. no ser vieja
j. sin consideración, sin respeto k. con ideas extrañas últimamente l. con enfermedad síquica
m. con cuerpo y ropa limpios n. hace todo con limpieza

121. ¡Ser y estar! Find the expressions that mean the same!

a. estar lista una persona

b. ser lista una persona

c. estar viva una persona

d. ser viva una persona

e. estar blanca una persona

f. ser blanca una persona

g. estar mala una persona

h. ser mala una persona

i. estar fresca una cosa

j. ser una persona fresca

k. estar loca una persona

l. ser loca una persona

m. estar limpia una persona o cosa

n. ser limpia una persona

○ no muerta

○ con ideas extrañas últimamente

○ inteligente

○ enferma, por ejemplo con fiebre

○ no ser vieja

○ sin consideración, sin respeto

○ despierta, no tonta

○ preparada

○ con enfermedad síquica

○ hace todo con limpieza

○ sorprendida

○ con piel blanca

○ con cuerpo y ropa limpios

○ tiene malas ideas

122. ¿Qué tema es? Tell me what it's all about!

a. La altura de los edificios es enorme.
b. Con grandes redes tenemos más sardinas.
c. En Toledo se fabrican estatuas de metal.
d. Una antena parabólica trabaja con satélite.
e. Un rectángulo tiene cuatro lados.
f. Los adjetivos están cerca de los sustantivos.
g. Los cuadros están expuestos en el museo.
h. La luna y las estrellas están en el espacio.
i. Para curar una gripe es importante la cama.
j. Las rosas rojas y los geranios blancos son hermosos.
k. El banco central ha subido el interés del dinero.
l. Los principales partidos gobiernan en coalición.
m. La temperatura ha bajado esta mañana.
n. Un valle es un terreno entre dos montañas.
o. Con dos cables y una bombilla tenemos luz.

- comunicación
- pintura
- lingüística
- medicina
- jardinería
- arquitectura
- electricidad
- pesca
- política
- artesanía
- meteorología
- matemáticas
- geografía
- astronomía
- economía

Workout 123: a. 1 b. 3 c. 1 d. 3 e. 2 f. 2

Workout 122: a. arquitectura b. pesca c. artesanía d. comunicación e. matemáticas
f. lingüística g. pintura h. astronomía i. medicina j. jardinería k. economía l. política
m. meteorología n. geografía o. electricidad

123. ¡Compuestos! Mark the correct meaning of the following terms!

a. _____ Un sofá-cama

1. ◡ Un sofá que puede servir de cama
2. ◡ Una cama que puede servir de sofá
3. ◡ Un sofá con forma de cama

b. _____ Una persona pelirroja

1. ◡ Con la piel roja.
2. ◡ Con la piel y el pelo rojos
3. ◡ Con el pelo rojo

c. _____ Una coliflor

1. ◡ Un tipo de col
2. ◡ La flor de la col
3. ◡ Una col con flores

d. _____ Una fotonovela

1. ◡ Una foto en una novela
2. ◡ Una revista con fotos
3. ◡ Una novela breve con fotos

e. _____ Una falda pantalón

1. ◡ Una falda y un pantalón
2. ◡ Una falda con forma de pantalón
3. ◡ Un pantalón corto

f. _____ Un hipermercado

1. ◡ Mercado donde se vende hiper
2. ◡ Un gran supermercado
3. ◡ Un supermercado al aire libre

124. ¿Dónde es? Select the correct word!

a. Juan se sienta en esta _ _ _ _ _ _ _ si está cansado.

b. En esta _ _ _ _ _ _ _ puedes comprar sellos.

c. Con una _ _ _ _ _ _ _ de crédito pagamos sin dinero.

d. En Occidente se come con y cuchillo y _ _ _ _ _ _ _.

e. Las dunas son normalmente de _ _ _ _ _ _ _.

f. Después de los calcetines nos ponemos los _ _ _ _ _ _ _.

g. Con un _ _ _ _ _ _ _ de mil pesos vamos a Nueva York.

h. Después de poner un sello, ponemos la carta en un _ _ _ _ _ _ _.

i. En un _ _ _ _ _ _ _ vemos las carreteras de un país.

j. Si queremos dormir necesitamos una _ _ _ _ _ _ _.

k. En una _ _ _ _ _ _ _ de idiomas aprendemos una lengua.

l. En un apartamento, la luz entra por la _ _ _ _ _ _ _.

m. Después de la ducha necesitamos una _ _ _ _ _ _ _.

n. Si el café está amargo, ponemos _ _ _ _ _ _ _.

o. Si el coche se rompe por el camino, vamos a un _ _ _ _ _ _ _.

arena
azúcar
billete
buzón
cama
escuela
ventanilla
mapa
silla
taller
tarjeta
tenedor
toalla
ventana
zapatos

Workout 125: a. artista b. guitarrista c. bañista d. oficinista e. cocinero f. pintor g. turista
h. deportista i. coleccionista j. cantante k. taxista l. comunista m. electricista n. periodista
o. pacifista

125. ¿Quién es? Name the people who do these activities!

a. *La persona que practica un arte.* ------------⌐---➤
b. *La persona que toca la guitarra.* ------------⌐---➤
c. *La persona que se baña.* -----------------------⌐---➤
d. *La persona que trabaja en una oficina.* ------⌐---➤
e. *La persona que trabaja en una cocina.* ------⌐---➤
f. *La persona que pinta cuadros.* ----------------⌐---➤
g. *La persona que practica el turismo.* ---------⌐---➤
h. *La persona que hace deporte.* ----------------⌐---➤
i. *La persona que colecciona algo.* -------------⌐---➤
j. *La persona que canta canciones.* -------------⌐---➤
k. *La persona que conduce un taxi.* -------------⌐---➤
l. *La persona que quiere el comunismo.* --------⌐---➤
m. *La persona que trabaja con la electricidad.* ---⌐---➤
n. *La persona que escribe para un periódico.* ----⌐---➤
o. *La persona que lucha por la paz.* -------------⌐---➤

126. ¡Búscame! Find the odd-word-out)

a. letra, palabra, frase, fresa

b. almanaque, fecha, calendario, agenda

c. compra, venta, crédito, alquiler

d. piedra, roca, cemento, montaña

e. hoja, tronco, rama, ojo

f. sal, pimienta, pimentón, pimiento

g. pasta, arroz, papa, ajo

h. semanal, día, mensual, anual

i. pistola, cuchillo, cañón, explosión

j. nombre, número, cifra, dígito

k. tarjeta, billete, carnet, postal

l. ventanilla, taquilla, pastilla, caja

m. espada, salida, llegada, parada

n. comienzo, término, proceso, camino

o. futuro, pasado, distancia, presente

Workout 127: a. alegre b. triste c. tranquilo d. activo e. aventurero f. peligroso g. ilegal
h. amable i. saludable j. relajante k. sangriento l. valiente m. cariñoso n. glotón o. enfadado

127. ¿Qué está haciendo? Match the adjectives to the actions!

a. sonreír
b. llorar
c. dormir
d. nadar
e. descubrir
f. pelear
g. robar
h. ayudar
i. beber agua
j. observar el mar
k. observar la corrida de toros
l. defender a una mujer
m. abrazar a una mujer
n. comer demasiado
o. gritar a otras personas

○ amable
○ activo
○ cariñoso
○ ilegal
○ alegre
○ tranquilo
○ valiente
○ triste
○ enfadado
○ aventurero
○ glotón
○ saludable
○ peligroso
○ sangriento
○ relajante

128. ¡Somos casi iguales! Find the synonyms!

a. continuar
b. descender
c. marcharse
d. meter
e. agarrar
f. adquirir
g. enrojecerse
h. construir
i. celebrar
j. encantar
k. juntarse
l. pararse
m. quejarse
n. molestar
o. tranquilizar

&

○ introducir
○ comprar
○ avergonzarse
○ unirse
○ bajar
○ edificar
○ gustar
○ seguir
○ irse
○ lamentarse
○ desagradar
○ coger
○ calmar
○ festejar
○ detenerse

Workout 129: a. madrugada b. nada c. luego d. seguro e. peor f. algo g. como h. solamente
i. tarde j. anteayer k. cuántos l. adentro m. abajo n. bien o. nunca

129. ¡Ayer, luego, ... ! Fill in the correct word!

a. En verano, el sol sale a las cinco de la _ _ _ _ _ _ _.

b. Hoy no tengo _ _ _ _ _ _ _ para comer en la nevera.

c. Ahora no puedo ir; voy a ir _ _ _ _ _ _ _.

d. No estoy _ _ _ _ _ _ _, pero creo que son las nueve.

e. No beber es _ _ _ _ _ _ _ que no comer.

f. ¿Tiene _ _ _ _ _ _ _ contra el dolor de estómago?

g. De esta forma es _ _ _ _ _ _ _ tenemos que hacer la comida.

h. Caminamos _ _ _ _ _ _ _ cinco minutos hasta la estación.

i. Ya es muy _ _ _ _ _ _ _; vamos a volver a casa.

j. El día antes de ayer se llama _ _ _ _ _ _ _.

k. ¿_ _ _ _ _ _ _ años tiene usted?

l. Vamos para _ _ _ _ _ _ _, a la casa, porque hace frío.

m. ¿De dónde viene el ruido, de arriba o de _ _ _ _ _ _ _?

n. ¿Cómo está usted, _ _ _ _ _ _ _ o solamente regular?

o. Por desgracia, _ _ _ _ _ _ _ hemos estado en Galicia.

abajo

anteayer

madrugada

solamente

tarde

cuántos

nunca

nada

adentro

luego

bien

algo

peor

seguro

como

130. ¡A preguntar! Ask the appropriate question!

a. _____ Voy a ir a nadar.
1. ⌣ ¿Dónde vas a ir?
2. ⌣ ¿Adónde vas a nadar?
3. ⌣ ¿Adónde vas a ir?

b. _____ Ahora vengo de un viaje a Inglaterra.
1. ⌣ ¿Adónde vienes ahora?
2. ⌣ ¿De dónde vienes ahora?
3. ⌣ ¿Adónde viajas ahora?

c. _____ Llevo este bolso a Ricardo.
1. ⌣ ¿Quién lleva este bolso?
2. ⌣ ¿Para qué llevas este bolso?
3. ⌣ ¿A quién llevas este bolso?

d. _____ Los exámenes son en el mes de julio.
1. ⌣ ¿En cuándo son los exámenes?
2. ⌣ ¿Cuándo son los exámenes?
3. ⌣ ¿Cuánto son los exámenes?

e. _____ De esta forma me gusta más vivir.
1. ⌣ ¿Cómo te gusta más vivir?
2. ⌣ ¿Cuál forma te gusta más vivir?
3. ⌣ ¿Qué te gusta más?

f. _____ Nuestras mesas están hechas de madera.
1. ⌣ ¿Qué están hechas sus mesas?
2. ⌣ ¿Cómo están sus mesas?
3. ⌣ ¿De qué están hechas sus mesas?

Workout 131: a. silencio & ruido b. ocupación & ocio c. liberdad & esclavitud
d. miseria & riqueza e. pérdida & ganancia f. luz & oscuridad g. paciencia & impaciencia
h. juventud & vejez i. hombre & mujer j. guerra & paz k. resta & suma l. salida & entrada
m. diversión & aburrimiento n. abundancia & escasez o. alegría & tristeza

131. Inferior & superior Match the corresponding opposites!

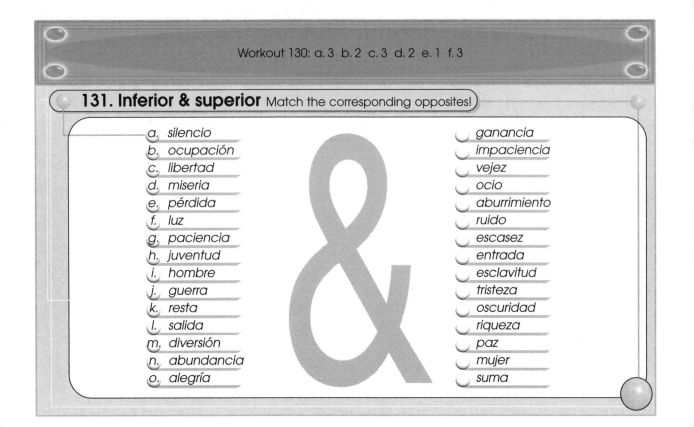

a. silencio
b. ocupación
c. libertad
d. miseria
e. pérdida
f. luz
g. paciencia
h. juventud
i. hombre
j. guerra
k. resta
l. salida
m. diversión
n. abundancia
o. alegría

ganancia
impaciencia
vejez
ocio
aburrimiento
ruido
escasez
entrada
esclavitud
tristeza
oscuridad
riqueza
paz
mujer
suma

132. ¡Números! Work out which number fits!

a. habitantes de México
b. sueldo de un trabajador
c. vida media de una persona
d. millas por hora en la carretera
e. habitantes de España
f. precio en dólares de un disco compacto
g. personas que hablan español en el mundo
h. millas entre Seattle y Miami
i. temperatura en Alaska en invierno
j. altura del monte Everest
k. horas de la semana
l. semanas del año
m. habitantes de la tierra
n. distancia entre Nueva York y Washington, D.C.
o. descubrimiento de América

- ochenta y cinco
- quince
- trescientos millones
- menos veintitrés
- noventa y cinco millones
- veintinueve mil
- doscientas cuarenta y ocho
- veinticinco mil
- cuarenta millones
- cincuenta y cinco
- cincuenta y dos
- tres mil trescientas
- mil cuatrocientos noventa y dos
- cinco mil millones
- ciento sesenta y ocho

Workout 133: a. instrumento & musical b. pez & marino c. autobús & urbano d. división & matemática e. vivienda & familiar f. visa & turística g. capitán & militar h. brazo & herido i. champán & seco j. contrato & laboral k. cultivo & agrícola l. movimiento & mecánico m. té & tranquilizante n. melón & maduro o. océano & profundo

133. Sustantivo y adjetivo Find the adjective that goes with each noun!

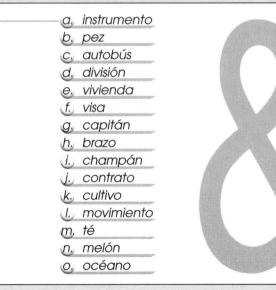

a. instrumento
b. pez
c. autobús
d. división
e. vivienda
f. visa
g. capitán
h. brazo
i. champán
j. contrato
k. cultivo
l. movimiento
m. té
n. melón
o. océano

familiar
profundo
tranquilizante
herido
seco
marino
urbano
laboral
mecánico
musical
matemática
turística
militar
maduro
agrícola

134. ¡Negación! Negate the following expressions!

a. _____ Los trenes son siempre puntuales.

1. ○ Los trenes son no siempre puntuales.
2. ○ Los trenes no son puntuales.
3. ○ Los trenes no son nunca puntuales.

b. _____ Yo he visto algo en la calle.

1. ○ Yo he no visto nada en la calle.
2. ○ Yo no he visto nada en la calle.
3. ○ Yo no he visto algo en la calle.

c. _____ Aquí hay alguien que sabe tocar el piano.

1. ○ Aquí hay nadie que sabe tocar el piano.
2. ○ Aquí nadie hay que sabe tocar el piano.
3. ○ Aquí no hay nadie que sabe tocar el piano.

d. _____ Ella tiene algún enemigo.

1. ○ Ella tiene ninguno enemigo.
2. ○ Ella no tiene ningún enemigo.
3. ○ Ella tiene ningún enemigo.

e. _____ Él se mira alguna vez en el espejo.

1. ○ Él se no mira ninguna vez en el espejo.
2. ○ Él ningún vez se mira en el espejo.
3. ○ Él no se mira nunca en el espejo.

f. _____ Mañana vienen todos a la fiesta.

1. ○ Mañana no vienen todos a la fiesta.
2. ○ Mañana no viene alguien a la fiesta.
3. ○ Mañana no viene nadie a la fiesta.

Workout 135: a. encima de la mesa b. en casa de mi amiga c. me preguntó mi nombre
d. cierran a las ocho e. voy a comprar una computadora f. oigo la radio g. una película en la
tele h. hay muchos toros i. debes trabajar j. llevan pasajeros k. tienen un gobierno democrático
l. antes de las diez de la noche m. el campo y no la playa n. atrae espectadores o. una siesta

135. ¡Complétame! Connect the two halves of each sentence!

a. El periódico está

b. La fiesta fue

c. El policía

d. Las tiendas en España

e. La próxima semana

f. Siempre después de desayunar

g. Anoche vimos

h. En Andalucía

i. Si no tienes dinero

j. Los autobuses

k. Los peruanos

l. Los niños se acuestan

m. Mucha gente prefiere

n. El mundial de fútbol

o. Después de comer dormimos

⌣ voy a comprar una computdora.

⌣ oigo la radio.

⌣ una película en la tele.

⌣ en casa de mi amiga.

⌣ debes trabajar.

⌣ llevan pasajeros.

⌣ encima de la mesa.

⌣ cierran a las ocho.

⌣ me preguntó mi nombre.

⌣ antes de las diez de la noche.

⌣ atrae espectadores.

⌣ una siesta.

⌣ hay muchos toros.

⌣ tienen un gobierno democrático.

⌣ el campo y no la playa.

136. ¡Búscame! Find the odd-word-out!

a. empleado, obrero, trabajador, director

b. impuesto, seguro, alquiler, regalo

c. filial, sucursal, empresa, lugar

d. salida, oficina, despacho, recepción

e. puesto, entrada, sitio, asiento

f. oficial, privado, público, principal

g. musical, electoral, estatal, comunal

h. entrevista, busca, responsabilidad, contrato

i. compañero, colega, copiloto, amigo

j. ascenso, descenso, paro, traslado

k. vejez, jubilación, vacaciones, despido

l. cita, encuentro, charla, reunión

m. vitaminas, salud, dieta, gasto

n. afición, hobby, gusto, obligación

o. compra, inversión, ahorro, juego

Workout 137: a. ... permiso de fin de semana b. ... pegar a los niños c. ... la cabeza, duerme un poco d. ... dura en España doce años e. ... de vivir con poca agua f. ... intercambian los anillos g. ... no pueden entrar a los departamentos h. ... tienen flores i. ... cuesta más que una carta normal j. ... hay que practicar mucho k. ... las antiguas monedas desaparecen l. ... no es igual que el de las personas m. ... tienen mucho estrés n. se puede quemar la piel o. ... no llega la carta

137. ¡Complétame! Complete the following sentences!

a. Muchos soldados tienen
b. No me parece bien
c. Si te duele
d. La educación escolar
e. Los cactos son capaces
f. En la boda, los novios
g. Las personas ajenas a la empresa
h. En febrero los almendros
i. Una carta urgente
j. Para tocar bien un instrumento
k. Con la llegada del euro
l. El saludo de los animales
m. Los responsables de la política
n. Si estás mucho tiempo en el sol
o. Si no escribes la dirección en el sobre

- dura en España doce años.
- no pueden entrar a los departamentos.
- cuesta más que una carta normal.
- intercambian los anillos.
- no es igual que el de las personas.
- permiso de fin de semana.
- hay que practicar mucho.
- las antiguas monedas desaparecen.
- la cabeza, duerme un poco.
- se puede quemar la piel.
- pegar a los niños.
- de vivir con poca agua.
- tienen flores.
- no llega la carta.
- tienen mucho estrés.

138. ¡Futuro! Select the correct future form to replace the underlined verbs!

a. Mañana _voy a ir_ al cine. ------------------------- → vendréis

b. _Vamos a ver_ la puesta de sol. ------------------- → tendré

c. ¿_Vais a venir_ a la hora de comer? -------------- → diré

d. ¿_Vas a poder_ hacer los ejercicios solo? -------- → viajaré

e. El fin de semana _voy a tener_ visita. ------------ → venderé

f. Después de leer el periódico _voy a saber_ más. --- → veremos

g. Te _voy a decir_ una cosa. ------------------------- → iré

h. ¿_Vas a caminar_ por los Andes este año? --------- → oiré

i. _Voy a vender_ mi coche viejo. -------------------- → pondré

j. No sé donde _voy a poner_ estas flores. ---------- → podrás

k. En mis vacaciones _voy a viajar_ a Francia. ------- → será

l. ¿Qué _vas a hacer_ esta noche? ------------------- → caminarás

m. Esta noche _voy a salir_ a dar un paseo. --------- → sabré

n. ¿Quién _va a ser_ el nuevo director? ------------- → saldré

o. Yo creo que _voy a oír_ un poco de música. ------- → harás

Workout 139: a. true b. false c. false d. true e. false f. true g. true h. true
i. false j. false k. true l. true m. false n. true o. false

139. ¿Verdadero o falso? Choose "true" or "false"!

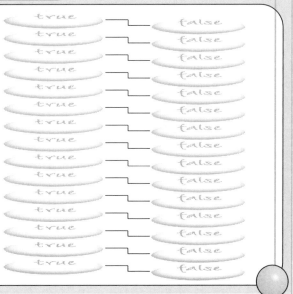

a. Lo contrario de dulce es amargo.   true ——— false
b. Los habitantes de Haití hablan portugués.   true ——— false
c. En Bolivia se baila muy bien el tango.   true ——— false
d. Las pirámides aztecas se encuentran en México.   true ——— false
e. La costa española más soleada está en el norte.   true ——— false
f. Los habitantes de Venezuela se denominan venezolanos.   true ——— false
g. Conducir con prisa es peligroso.   true ——— false
h. Muchos jardines de Granada son árabes.   true ——— false
i. El desierto de Atacama se halla en Paraguay.   true ——— false
j. El fin de semana es el domingo y el lunes.   true ——— false
k. Un castillo no es lo mismo que un palacio.   true ——— false
l. La democracia en España es relativamente joven.   true ——— false
m. El inglés es la lengua que más se habla en el mundo.   true ——— false
n. Trabajar en grupo quiere decir trabajar en equipo.   true ——— false
o. La educación escolar no es generalmente gratuita.   true ——— false

140. En el metro Select the correct response for these situations!

a. _Alguien lee un periódico en voz alta._
1. ○ ¡Cállese!
2. ○ ¡Usted me molesta!
3. ○ ¿Podría leer más bajo?

b. _Un amigo le grita a usted._
1. ○ ¡Váyase!
2. ○ ¡Déjame en paz!
3. ○ ¿Dígame?

c. _Una persona anciana no tiene asiento._
1. ○ ¿Está bien?
2. ○ ¿Quiere sentarse?
3. ○ ¡Tome mi asiento!

d. _Hay un perro peligroso cerca de usted._
1. ○ ¡Qué bonito!
2. ○ ¡Fuera, perro!
3. ○ No mira al perro y lee el periódico.

e. _Al bajar del metro, la anciana tiene problemas._
1. ○ ¿Puedo ayudarle?
2. ○ ¿Qué pasa?
3. ○ ¿Qué desea?

f. _Con las prisas, alguien choca contra usted._
1. ○ ¡No se preocupe!
2. ○ ¡Vale!
3. ○ ¡De acuerdo!

Workout 140: a. 3 b. 2 c. 2 d. 3 e. 1 f. 1